Für meinen Bruder Hans,
einem Traumtänzer
wie mir

*7.9.1957 †15.4.1997

DREAM GUIDANCE[SM]

Coaching zur Entdeckung,
Erforschung und Aktivierung
intuitiver Intelligenz

Birgitt E. Morrien

CUID Publications, Bonn

CIP-Kurztitelaufnahme der Deutschen Bibliothek

Morrien, Birgitt E.: DreamGuidance – Coaching zur Entdeckung, Erforschung und Aktivierung intuitiver Intelligenz, 1. Auflage – Bonn: CUID Publications, 2001

ISBN 3-8311-1077-8

Lektorat: Ursula Jendrek, Berlin und Dr. Klaus Kempe, Köln † 2001, Ingrid Kerndter, Neustadt/W.

Autorinnenfoto: Frank R. Weihs, Köln

Grafiken: Gregor Schäfer, Köln

Gestaltung: Joachim Hartmann, Torsten Koch

Satz: Druckerei Gerhards, Bonn-Beuel

Umschlaggestaltung: Iris Neuzil Graphik, Köln

DreamGuidance

Coaching zur Entdeckung, Erforschung und Aktivierung intuitiver Intelligenz

„Ich bin nicht wirklich ein Wissenschaftler, bin kein Beobachter, kein Experimentator und kein Denker. Vom Temperament her bin ich nichts als ein Eroberer... mit der Neugier, Kühnheit und Unbeirrbarkeit, die solche Menschen ausmacht."

Sigmund Freud

DREAMGUIDANCE*

1. Einleitung

1.1. Persönliche Chronologie einer Entscheidung

„Coaching heißt, dir die Leiter 'rauf helfen", lautet die von mir im Traum entwickelte programmatische Definition meines persönlichen Coachingverständnisses.

Bei manchen Dingen weiß man genau, wo und wie sie angefangen haben. Mein erster notierter Traum datiert von 1973, und ich hole darin mit Hilfe einer Leiter ein Bild von einem hohen Regal. Es zeigt einen Mann mit Bart und dieser Mann heißt Sigmund Freud.

Seit dieser Zeit beschäftige ich mich mit Träumen. Systematisch führe ich seit fast zwanzig Jahren Traumtagebücher und begreife diese als mein Traumkapital. Diesem verdanke ich Anregungen und Aufforderungen zu Lyrik und Prosa, zu journalistischen Arbeiten und Seminarangeboten oder aber zu Reisen und anderen Aufbrüchen.

* *Nähere Ausführungen zum Begriff „DreamGuidance" siehe Seite 61*

Träume begeistern und bereichern mich vor allem durch Irritation. Mal schwebe ich schwerelos durch die Wohnung, dann formuliere ich einen aramäischen Text, später treffe ich irgendwelche Ahnen oder ziehe mit einer Freundin als Wale durch die Weltmeere. Als Traumregisseurin erkläre ich die Begrenzungen des Tages für ungültig. Hier gelten andere Gesetzmäßigkeiten bzw. die gleichen Gesetzmäßigkeiten anders. In jedem Fall provozieren Träume seit jeher meine Denkgewohnheiten.

Schon lange wollte ich Träume als solche zum entscheidenden Tagesthema machen. Im November 1995 nahm mein Leben rückblickend einen entscheidenden Schritt in diese Richtung. Es war der Zeitpunkt der Ermordung Itzak Rabins, und ich war in diesen Tagen zu einer Studienreise in Tel Aviv. Davon sehr aufgewühlt träumte ich ein Treffen mit meinem Bruder, dem ich unumwunden erklärte, der Tod sei um ihn. Ich schrieb den Traum auf und beließ es dabei. Wenige Wochen danach traf ich ihn und dachte nicht einmal an den Traum. Einige Monate später, wieder auf Reisen, träumte ich erneut, er müsse sterben. Wieder schrieb ich den Traum auf und beließ es dabei. Ein halbes Jahr danach, auf einer Familienfeier, traf ich ihn und war nun zutiefst erschrocken. Sein erster Anblick und die Informationen meiner Träume waren eins, vor mir stand ein schwerkranker Mann. Wenige Tage darauf erhielt er seine tödliche Diagnose und starb ein halbes Jahr später.

Mein Traumwissen und sein Sterben stimmten überein, und ich fühlte mich einmal mehr aufgefordert, das gesellschaftlich unverändert wirksame Traumtabu auflösen zu helfen. Mein Ziel ist ein umfassender Paradigmenwechsel im Umgang mit der mächtigen, jedoch weitgehend unerforschten Wissensressource Traum. Eine Zeit komplexer Herausforderungen braucht komplexe Herangehensweisen. Wo das Traumwissen bewusst integriert wird, gewinnen Denken und Sprechen qualitativ neue Dynamiken und Inhalte.

Mein Bruder hat mich während unserer Abschiedsgespräche darin bestärkt, endlich an das zu glauben, was ich weiß und dieses Wissen mitzuteilen bzw. neue Zugänge dazu zu eröffnen.

In zwei Wintern (96/97 und 98/99) habe ich mich seitdem - neben meiner beratenden und fachjournalistischen Tätigkeit – vor allem mit dem alten und neuen Traumverständnis beschäftigt und dazu geschrieben. Darüber hinaus ist mit dem DreamGuidance-ABC ein Handout für meine Seminararbeit entstanden. Darin finden sich entlang des ABC's 27 kühne Hypothesen, die ich mit Zitaten wissenschaftlicher und belletristischer AutorInnen* untermale. Die vorliegende Arbeit ist mein erster Schritt, einige dieser ,Hypo-Thesen' (siehe 3.3) auf der Prämisse des integrativen Coaching (siehe 3.2) auch wissenschaftlich zu argumentieren. Dabei erscheint die Informationsdichte des Textes phasenweise sehr hoch, der Schreibstil assoziativ und die Vielfalt neuer Traumansichten hoffentlich inspirierend.

1.2 Zentrale Zielsetzungen des DreamGuidance-Konzeptes

Beträumen Sie Ihre Fragen!
Träume sind eine mächtige Wissensressource.

(Siehe Abb. 4)

DreamGuidance läutet das Ende des kulturellen Traumtabus in Wirtschaft und Wissenschaft ein. Die radikale Verleugnung und Verstümmelung imaginärer Kompetenz seit Beginn der Aufklärung ist im Augenblick der Wende ins neue Jahrtausend nicht länger tragbar. Descartes kam nach einem Zyklus traumvoller Nächte noch zu dem Schluss „Ich denke, also bin ich" (von Franz 1985, S. 160/161). Dreihundert Jahre später beschließe ich meinen letzten Traumzyklus mit der Schlussfolgerung: „Ich träume, also bin ich".

* *In der hier verwendeten Schreibweise („I") ist jeweils die weibliche und männliche Form mitgemeint.*

„Das Universum ist nicht verrückter als wir denken sondern als wir uns denken können", sagt Einstein (Einstein 1998, S. 6). Den letzten Kick zur Formulierung der Relativitätstheorie verdankte er einem Traum (Lawrence 1998, S. 181). Die Diktatur des Beweisbaren liegt in ihren letzten Zügen.

Das neue Wissen pulsiert bereits und will endlich in seiner ganzen, scheinbar widersprüchlichen Vitalität und Schönheit ans Licht. DreamGuidance steht Patin dafür, eine über Jahrhunderte kultivierte, jedoch sinnenamputierte Wahrnehmung heilen zu wollen, indem es den mächtigen siebten Sinn (siehe Abb. 3) rehabilitiert und ihm den Platz zuweist, der ihm gebührt. Dieser Sinn erfasst und spiegelt raum- und zeitübergreifend alles Geschehen und gestaltet es nach eigenen Gesetzmässigkeiten (siehe Abb. 10). Die oft bangen Grenzen unserer wachen Denkkonzepte sind ihm fremd. Schwerkraft und abgegrenzte Zeiträume werden spielerisch überwunden. DreamGuidance integriert quantenphysikalisches Wissen, wonach etwa Zeitreisen zwar technisch noch nicht realisierbar, jedoch theoretisch längst als durchaus denkbar bewiesen sind (Spiegel 1/1998, S. 96).

DreamGuidance taucht auf in einem historischen Augenblick, in dem Wissen auch als ökonomisch relevanter Ressource ein zentraler Stellenwert zugewiesen wird. So wird bei Procter & Gamble etwa Wissen aus dem Umfeld von Produktionsprozessen aufgezeichnet und EDV-gestützt unternehmensweit zugänglich gemacht, um durch die neue Verbindung verschiedenster Erkenntnisse kreative Durchbrüche zu ermöglichen (Gloger 1998, S. 65). Hier wird Fakten- und Prozesswissen berücksichtigt, (noch) nicht jedoch Informationen multidimensionalen Traumwissens (siehe Abb. 6).

DreamGuidance steht für ein Coachingkonzept, das Wirtschaft und Wissenschaft darin ermutigen kann, für komplexe Fragestellungen ein ebenso komplexes Medium hinzuzuziehen. Mögliche Themen sind hier Veränderungsprozesse von Personen und Organisationen ebenso wie die Entwicklung neuer Sach- oder Dienstleistungsprodukte oder Ideen und Strategien des Marketing (siehe Kapitel 4 und Abb. 11).

DreamGuidance arbeitet mit einer Dramaturgie systematischer Irritation, um so lineares Denken zu überwinden und unverhoffte Perspektiven zu entwickeln. Dieses Prinzip der „Mehrperspektivität" (Petzold 1998, S. 25) schafft Verbindungen zwischen scheinbar Unvereinbarem. Aktuell nähern sich etwa virtuelle und imaginäre Wirklichkeiten einander an, denn beide agieren non-linear. Wie die Net-Kids sich dank ihrer Unbefangenheit gegenüber dem Internet-Medium mit großem Erfolg spielerisch im Cyberspace zurechtfinden (Tabscott 1998, S. 66/67), so eröffnet DreamGuidance mit Humor imaginäre Surf-Routen für spielentwöhnte ManagerInnen und WissenschaftlerInnen mit ungewissem Ausgang. Spannungsvolle Reibung wird provoziert und integriert, um kreative Potenziale wachzurufen (siehe Kapitel 4.2).

DreamGuidance steht für die Renaissance einer Wissenschaft der Hingabe: Wissen durch Selbst-Vergessenheit (siehe Abb. 5).

„Zu Müssen" verschreckt das Traumwissen, sich darin ergeben lockt es hervor. Dabei zählen Beharrliche jedoch zu den Traumbegünstigten, denn

> *welchem Geschäfte man nun im Geist*
> *am eifrigsten obliegt, oder wobei sich das Gemüt*
> *am meisten verweilt hat, sich der Verstand darauf*
> *mit strengerem Fleiße verwendet, ebendasselbe kommt*
> *gewöhnlich uns wieder im Traum vor."*
> *(Lukrez in: De rerum natura, Verse 962-986)*

Traum, Chaos, Unvorhersehbarkeit und Unberechenbarkeit wandeln sich im öffentlichen Ansehen nur langsam vom Schrecken zur Chance. Darin aber liegen die Ressourcen zur kreativen Entwicklung jener Antworten, die wir für unsere heutigen Fragen brauchen. Der zunehmenden wirtschaftlichen und damit auch kulturellen Vernetzung kann erfolgreich nur mit Denkmodellen begegnet werden, die bereit und fähig sind, komplexe Vielfalt neu zu spiegeln. Träume bieten die dazu erforderliche Kapazität, indem sie durch eine natürliche Kunst der Verwirrung vielfältigstes Staunen bewirken. Dieser Zustand bildet den notwendigen Ausgangspunkt für komplexere Interpretationen und damit die Voraussetzung zur Entwicklung neuer Denk- und Handlungsmodelle.

DreamGuidance liefert die mentale Software zur Galerie des Gelingens.

2. Altes und neues Traumverständnis

2.1 Untergegangene hochentwickelte Traumkulturen

Träume* waren im öffentlichen Leben nicht immer gesellschaftlich ausgegrenzt bzw. randständig wie in unserer westlichen Kultur heute. Die Kunst des Träumens wurde in Ägypten, in Mesopotamien oder auch bei den Griechen ebenso gelehrt wie auch die Kunst des Schreibens, der Rede, Astrononomie oder Medizin. Da Träume in privaten wie öffentlichen Angelegenheiten Beachtung fanden, wurde mit der verantwortungsvollen Aufgabe der Deutung ein eigener Berufsstand beauftragt. Ägypten etwa führte ein mehrjähriges Studium in Medizin und Magie ein, wobei beide Fachrichtungen als gleichrangig galten. Die Ausbildung fand in einem sogenannten „pr nh", einem Lebenshaus statt, das eine umfangreiche Bibliothek beherbergte. Die Griechen übersetzten dieses Wort später mit „psyches iatreion", zu deutsch: „Heilstätte für die Seele" (Thomas 1989, S. 17). Psychosomatische Zusammenhänge finden sich bereits im „hieratischen Traumbuch", das aus dem „Mittleren Reich" 2052-1778 v. Chr. stammt (Pongraz 1963, S. 97). Die ägyptischen Traumgelehrten und das Serapisheiligtum von Kanobos, ihr Zentrum der Traummedizin, war weit über die Landesgrenzen hin bekannt. Kranke und andere Bedürftige warteten dort auf gottgesandte Heilträume, die Halbpriester deuten halfen (Pongraz 1963, S. 56).

Im griechischen Epidaurus wurde die Heilmethode der Incubation seit dem 5. Jahrhundert v. Chr. gepflegt. Das lateinische „inkubare" meint etwa „Liegen auf etwas" oder auch „sich Hinlegen" und „Schlafen" an einem heiligen Ort in der festen Absicht, von Asklepios, einem göttlichen Heiler, medizinische Anweisungen zur Heilung der Krankheit oder auch Informationen über die eigene

** Traum geht über das althochdeutsche „troum" und das altnordische „draugr" auf das alte Sanskrit-Wort „druh" zurück, das Totenerscheinung bedeutet (Thomas 1989, S. 15).*

Zukunft zu erhalten. Es sind zahlreiche Spontanheilungen nach einem Inkubationstraum überliefert (Hermes 1996, S. 163ff.).

In Mesopotamien entwickelten speziell ausgebildete Traumdeuter ein komplexes Deutungsinstrumentarium. Das „assyrische Traumbuch" berichtet auf 30 000 Tontafeln von hochentwickelten astronomischen Kenntnissen und einem Dämonenglauben, der 65 000 verschiedene Geister kannte. Die Interpretation der Träume wird differenziert nach modern anmutenden Kategorien wie etwa sozialer Stellung und aktueller Lebenssituation. Trauminformationen fanden bei persönlichen wie politischen Entscheidungen gleichermaßen Berücksichtigung (Thomas 1989, S. 18ff.).

Neben Träumen mit persönlicher und politischer Bedeutung erwähnt Artemidor von Daldis (135–200 n.Chr.) in seiner umfassenden Traumtextsammlung außerdem sogenannte fremde Träume (Zukunftsbotschaften für andere), gemeinsame Träume (relevant für das engere soziale Umfeld) und kosmische Träume (besondere meteorologische Phänomene). Nach Artemidor verfügen Meister der Traumdeutungskunst über eine ausgezeichnete Kombinationsfähigkeit und eine sehr gut entwickelte Intuition.

Von den Römern ist keine vergleichbare Dokumentation Traumgelehrter überliefert. Stattdessen führte hier ein Patient in seinen „Heiligen Berichten" über alle seine Leiden Buch, die er konsequent nach den Traumanweisungen des Äskulap (röm. für Asklepios s.o.) behandelte, oft gegen den Rat der Schulmedizin. Der berühmteste Kranke des Altertums wurde 63 Jahre alt, doppelt so alt wie der Durchschnitt der Bevölkerung (Hermes, S.161 ff.).

Hochentwickelte Traumkulturen zeichneten sich durch ein hohes Maß an Aufmerksamkeit aus, das sie der Traumressource gerade auch im Bereich der Ausbildung widmeten. Die Integration rechts- und linkshemisphärischer Aktivitäten des Gehirns, von logischer und kreativ-intuitiver Intelligenz wurde systematisch gefördert.

2.2. Religionen als letzte Traumdomänen im christlichen und jüdischen Kontext

Träume spielen in allen Religionen eine zentrale Rolle.

Die Traumtheorien des alten Judentums ähneln denen der Ägypter, da das hebräische Volk neben der babylonischen auch in ägyptischer Gefangenschaft war. Allerdings kennt das alte Testament nur noch einen Gott gegenüber einer Vielzahl von Göttinnen und Göttern der vorangegangenen Zeit. Dieser Gott zeigt sich den Menschen in Visionen und Träumen (Altes Testament (AT), 4. Moses 12,6).

Im Zusammenhang mit dem Traum von den sieben fetten und den sieben mageren Jahren erklärt Josef dem Pharao, nicht nur der Traum, auch dessen Deutung komme von Gott (AT, Genesis 41,16). Einen Schritt weiter geht Daniel mit seiner Aussage von „einem Gott im Himmel, der Geheimnisse enthüllt" (AT, Daniel 2,28). Wie von Nebukadnezar verlangt, hatte er diesem seinen Traum sowohl gedeutet wie auch dessen Inhalt mitgeteilt.

Im neuen Testament erscheint der Traum ohne externe Traumdeuter. Josef bleibt sich selbst überlassen, als ihn ein Traum davon abhalten will, sich von Maria zu trennen und ihn stattdessen auffordert, diese zu heiraten (Neues Testament (NT), Matthäus I,20). Auch in der darauffolgenden Zeit rettet er Jesus vor der Ermordung durch Herodes, indem er sich von einem Traum nach Ägypten führen lässt (NT, Matthäus 2,22–23). Jahrzehnte später hat Saulus, ein Verfolger der frühen Christengemeinde eine Vision, in dem ihn „ein Licht vom Himmel umstrahlte" (NT, Apg.9,3). Davon erblindet kommt Saulus nach Damaskus, wo er und ein Jünger Jesu eine Doppelvision, d.h. zeitgleich die Vision haben, er werde durch Handauflegen von diesem Jünger geheilt (NT, Apg. 9, 11/12). Der Geheilte ist Paulus, der sich nach diesem Wendeerlebnis zum „erfolgreichsten Visionsmanager aller Zeiten" entwickelt (Sollmann 1993, S. 21). Auch er vertraut auf seinen weitreichenden Missionsreisen auf die Richtigkeit seiner Trauminformationen. Angesichts lebensbedrohlicher Unwettertage auf hoher See hält er der

Verzweiflung seiner Begleiter seinen Traum von ihrer Rettung entgegen, wonach sie zwar Schiffbruch erleiden müssten, aber alle überleben würden (NT, Apg.27, 22–26). Während Josef und Saulus/Paulus träumen, spricht Jesus die Sprache der Träume. Wie diese wird er nicht müde, durch immer neue Bilder, den Blick ins Unbeschreibliche zu öffnen.

Träume machen Geschichte. Ein Traum Kaiser Konstantins des Großen (285–337) ebnete dem jungen Christentum den Weg zur Staatsreligion. Nachdem er im Oktober 312 in einer Vision das Kreuz als Siegeszeichen gesehen hatte, forderte ihn ein Traum dazu auf, das Kreuz nachzubilden und es im Kampf als Schutzpanier zu gebrauchen (Eusebius I,28–29). Das tat der Kaiser und siegte trotz großer zahlenmäßiger Überlegenheit der Gegenseite. Seitdem sind Konstantins Schritte nachweisbar, die christliche Kirche im römischen Reich einzuführen.

Für den Talmud gleicht ein ungedeuteter Traum einem ungelesenen Brief (Berachot 55a). Wie im Alten Testament wurden Träume als göttliche Botschaften verstanden. Diese zu deuten war Aufgabe der Rabbiner und Weisen, die sich darin durch das Studium biblischer Träume übten. Die Deutung erforderte die Berücksichtigung vielfältiger Gesichtspunkte wie etwa Alter, Beruf, persönliche und ökonomische Umstände (Wood & Greenhouse 1974, S. 153). Der Talmud gibt dabei auch den Hinweis, auf eventuelle Wortspielereien zu achten (Jezower 1985, S. 40/41).

Darüber hinaus können Träume nicht nur gedeutet, sie können auch beeinflusst werden. Auf die Frage Kaiser Hadrians, ob Rabbi Jehosua ihm sagen könne, was er in der nächsten Nacht träumen werde, antwortete dieser: „Du wirst träumen, dass dich die Perser in die Sklaverei führen." Hadrian dachte den ganzen Tag an das angekündigte Schicksal und wurde in der darauffolgenden Nacht von den Persern abgeführt (Berachot 56a).

Träume können mit Geduld aktiv erwartet werden. Von Rabbi Jose erzählt der Talmud, es habe achtzig Tage gefastet, um einen von ihm sehr verehrten Rabbi-Vorfahren im Traum zu sehen und es sei ihm gelungen (Jezower 1985, S. 447). Träume gehören zu den letzten Freiräumen ungebändigter Kreativität: Man kann sie bitten, zwingen kann man sie nicht. Sie sind die Katzen der Nacht, die auf dem Dach tanzen, während der Hund am Bett wacht.

Träume können aus Raum und Zeit berichten. Ein Weber kam zu Rabbi Johanan und erzählte ihm: „Ich sah im Traum, dass der Himmel einstürzte, dass ihn aber einer deiner Schüler stützte." Johanan führte ihm darauf seine Schüler vor und der Weber erkannte seinen „Traumschüler", den später berühmten Rabbi Jose (Jer.Kilajim iX,4 zit.nach Jezower 1985, S. 75).

Wie im Traum erscheint in der Kabbala, der jüdischen Mystik, das eigentliche Wesen der sich darstellenden Dinge gar nicht. „Es ist vielmehr die Fantasie, die sie in Bildern erscheinen lässt, so dass die Seele in ihre Vorstellungen schaut und weiß, was ihr die Dinge enthüllen, ob Wahrheit oder Lüge..." (Langer 1989, S. 127). Für die Kabbala ist Erkennen jedoch keine losgelöst kognitive Angelegenheit. Vielmehr wird sie als sinnlich erlebbare Fest-Erfahrung geschildert, einer von vielen geteilten mystischen Ekstase (Langer 1959, S. 19/20). Die Erkenntnis von Zugehörigkeit untereinander und zu etwas Umfassenderem vermittelt sich hier durch betenden Tanz und tanzendes Gebet. Für den Chassidismus, der bis zur Shoa* den größten Teil der Ostjuden umfasste, war Freude ein notwendiger Bestandteil des Gebetes. Mit dieser jüdisch-religiösen Bewegung verschwanden im „weißen Westen" die letzten kulturell verankerten Räume für Riten ekstatischer Erkenntnis. Der Lebenshunger nach geteilt spürbarem Wissen, nach sinnlicher Erfahrung und intellektuell-spiritueller Leidenschaft führt hier nun seither ein Schattendasein. Die Träume sind seine letzte Bastion. Das alte Wissen aber bleibt.

** Shoa (hebr.: die Katastrophe). Neuhebräische Bezeichnung für die Massenvernichtung der Juden durch das nationalsozialistische Regime in Deutschland zwischen 1933 und 1945. Die Bezeichnung „Holocaust" wird hier bewusst vermieden, da sie aus dem Griechischen mit „Brandopfer" übersetzt wird.*

„In Rissen heimisch

Nachdem es verboten worden war,
die Bäume zu schmücken,
begaben sie sich in unterirdische Höhlen. Dort,
unter weiten Kuppeln, zeichneten sie ihr Symbol. Tanzend
feierten sie, was sie wussten und schworen einander,
es nie zu vergessen.
In ihren Berührungen lag ihre Weisheit, die sie
von Berührung zu Berührung weitergaben.

Das war vor hundertwieviel Jahren.
Die Höhlen sind verschüttet,
die Bäume müde und gebrechlich und das
Verbot gilt noch immer / auch der Schwur.

In mir häufen sich die Worte, türmen sich auf ins Unermess-
liche. Sie sprechen und versprechen viel und sprechen
doch nicht meine Sprache.

Ich bin, die ich fürchte / wortlos bewege ich mich seit
Ewigkeiten / finde immer meinen Platz / in der Nacht
mache ich mich in Rissen heimisch."

(Morrien, 1993, S. 66)

2.3 Stimmen versprengter Traumzeugen vom Mittelalter bis zum 20. Jahrhundert

Gesellschaften in Zeiten des Traumtabus sind bedrohte Gesellschaften:

„Was mich erschreckt, sind Leute, die sich von ihrem Unbewussten führen und zerstören lassen, und die dennoch niemals anhalten und es beobachten. Das ist der Minotaurus im Labyrinth..." (Nin 1979, S. 147/148). Die Minotaurus-Metapher begreife ich als Aufforderung zur systematischen Auseinandersetzung mit den Bildern der Nacht bzw. Traumpotenzialen und deren Integration. In den Jahrhunderten vom Mittelalter bis zu Beginn des 20. Jahrhunderts führen die Träume ein ambivalentes Dasein. In den Augen der mittelalterlichen Kirche sind sie entweder Teufelswerk oder von Gott gesandt (Thomas 1989, S. 59). Mit Beginn der Aufklärung werden sie als irrational verteufelt und in die gesellschaftlichen Hinterzimmer verbannt. Voltaire nennt sie „abergläubischen Unsinn" (zit.n. Thomas 1989, S. 60) Das lineare Protokoll duldet keine Mätzchen. Zum Untergrunddasein verdammt, kommen die Träume ihren (unkündbaren) Verpflichtungen nun eher im Stillen nach. Die Stimmen der Zeitzeugen erwähnen sie zwar, manchmal sogar differenziert, allerdings sind Träume nicht offizieller Gegenstand in Ausbildung und Lehre.

Im Bereich der Kirche begreift Hildegard von Bingen (1098–1179) Träume als Botschaften der göttlichen Seele, die Zukünftiges mitteilen und Alltägliches verarbeiten helfen können (von Bingen 1991, S. 113/114). Thomas von Aquin (1225-1274) spricht außerdem von körperlichen Traumursachen wie inneren physiologischen Reizen sowie von äußeren Ursachen wie beispielsweise durch Luftveränderung oder den Lauf der Sterne (ebenda).

Martin Luther (1483–1546) schreibt nicht über Träume, folgt jedoch einer Vision, die ihn zur Umkehr auffordert (Sollmann 1993, S.17). Die Kraft eines Augenblicks hat ihn 33 Jahre getragen und befähigt, das Christentum zu reformieren.

Im Bereich der Politik überblickt Kaiser Karl IV schlafend aus der Vogelperspektive ein Schlachtfeld, wo einem Verwandten wegen sträflicher Verfehlungen von einem feurigen Himmelsschwert das Glied abgehackt wird. Tatsächlich stirbt der Verwandte kurze Zeit darauf im Kampf (Jezower 1985, S. 76ff.). Abraham Lincoln sah kurz vor seiner Ermordung träumend einen Sarg und erkundigte sich nach dem Namen des Verstorbenen, worauf man ihm seinen eigenen nannte (Delaney 1996, S. 60).

Im Bereich von Dichtung und Kunst taucht Albrecht Dürer (1471–1528) als Abmaler nächtlicher Inspirationen auf (Jezower 1985, S. 81). Vincent van Gogh (1853–1890) weiß, „dass es Dinge gibt, die man in die Zukunft hinausspürt und die wirklich eintreffen" (ebenda, S. 583). „Mag es nur ein Traum gewesen sein, aber ich habe dies alles wirklich gesehen. (...) Vielleicht war das Ganze gar kein Traum!" Wie Fjodor M. Dostojewski (1821–1881) (Dostojewski 1995, S. 45) ist auch Johann Wolfgang von Goethe (1749–1832) von den hellsichtigen Möglichkeiten der Träume überzeugt, „die, weil sie aus uns selbst entspringen, wohl Analogie mit unserem übrigen Leben haben müssen" (Italienische Reise, zit.n. Jezower, S. 512). Mehr noch: „Wir wandeln alle in Geheimnissen. Wir sind von einer Atmosphäre umgeben, von der wir noch gar nicht wissen, was sich alles in ihr regt und wie es mit unserem Geiste in Verbindung steht. So viel ist wohl gewiss, dass in besonderen Zuständen die Fühlfäden unserer Seele über ihre körperlichen Grenzen hinausreichen können und ihr ein Vorgefühl, ja auch ein wirklicher Blick in die nächste Zukunft gestattet ist." (ebenda, S. 682) Darüber hinaus wirken Träume auf Goethe belebend, da sie ihn aus depressiven Zuständen rissen (ebenda, S. 511).

Träume und Tartaren gehörten nach meiner Lesart zu den großen Lehrmeistern eines modernen Künstlers wie Joseph Beuys (1921–1986), auf die er in schweren Krisenzeiten wie etwa im Krieg traf (Stachelhaus 1991). Tartaren retteten ihm seinen eigenen Aussagen zufolge nach seinem Stuka-Absturz das Leben, indem sie den Verwundeten bei sich aufnahmen und pflegten. Träume begleiteten ihn auch später durch Zeiten von Krankheit und Heilung. (ebenda)

Im Bereich der Naturwissenschaften taucht mit Albert Einstein (1879–1955) ein Physiker auf, der früh „über die geheimnisvollen Eigenschaften des leeren Raums nachzugrübeln begann" und „eine leidenschaftliche Liebe für alles mathematisch Erfassbare" entwickelte (Frank 1979, S. 32). Das Vorhaben, die Gesetze des Weltalls zu erforschen, „hatte sich schon früh fest in die Träume des jungen Mannes eingenistet" (ebenda, S. 35). Seine zunächst jahrelang erfolglosen „Bemühungen um Probleme der Erkenntnis stellen den wichtigsten Teil des Erlebens dar". Zugleich war er davon überzeugt, dass „Beruf und menschliche Bindungen in einem solchen Leben mehr Hemmung und Ablenkung als Förderung bedeuten, während das maßgebende Erleben sich innen abspielt und aus einer unsichtbaren Quelle genährt wird" (Einstein 1942). Den letzten Kick zur Formulierung der Relativitätstheorie verdankte Einstein gewissermassen folgerichtig einem Traum (Lawrence 1998, S. 181).

Auch die ChemikerInnen kennen einen berühmten Träumer: Die entscheidende Hilfestellung zur Entdeckung der Struktur des Benzolrings fand August Kekulé von Stradonitz (1829–1896) schlafend in Form einer Schlange, die sich um ihren eigenen Schwanz windet (Schütz 1999, S. 75).

Im Bereich der Philosophie verbrachte der Mathematiker und Philosoph René Descartes (1596–1650) einige ebenso ruhelose wie traumvolle Nächte (Jezower 1985, S. 91), bevor er über die Bedeutung seiner Träume nachdenkend zu dem folgenreichen Schluss kam: „Ich denke, also bin ich" (Descartes 1991, S. 31). Damit läutete er die Aufklärung und die Abspaltung einer Erkenntnisquelle ein, die seinen Gedanken zugrundegelegen hatte. Mit dieser Formulierung „identifizierte er sich restlos mit seiner Denkfunktion" (v. Franz 1985, S. 161).

Im Bereich der Wirtschaft begegnen uns bekannte Träumer wie Henry Ford, der schon mit 13 Jahren von einer fahrenden Kutsche ohne Pferde träumte. Man nannte ihn den „verrückten Henry". Wider allen konventionellen Wissens glaubte auch seine Frau daran, dass ein solches Fahrzeug konstruierbar sei. Und so war es! (Gross 1996, S. 92 ff.)

„Aerodynamisch gesehen kann die Hummel nicht fliegen. Aber das weiß die Hummel nicht und fliegt." (Ash zit. ebenda, S. 231ff.) Nachdem sie als Frau in einer Firma nicht weiterkam, kündigte Mary Kay Ash ihren Job, um einen Traum zu verwirklichen: 44jährig gründete sie ein Unternehmen zum Direktverkauf von Kosmetika und ging damit 13 Jahre später mit großem Erfolg als erste Frau an die US-Börse.

Ray Kroc war ein alternder, mittelmäßiger Verkäufer von Milchshake-Maschinen. Eines Nachts, in irgendeinem Motel dieser Welt, kam ihm der Traum vom globalen Imbiss. Kroc war besessen von dieser fixen Idee und wurde McDonalds-Gründungsmanager (ebenda, S. 170ff.).

2.4. Rückkehr des Traums in den öffentlichen Raum – Sigmund Freud und seine Nachfahren

Die individuelle Dimension des Traums

Der Traum kehrt zu Beginn des 20. Jahrhunderts durch die Tür der Medizin zurück in das gesellschaftliche Leben. Er wird zunächst als pathologisches Phänomen betrachtet, das individuell gesehen, behandelt und genutzt wird. Die kreative und sozialpolitische Komponente taucht zwar schon früh auf, bleibt jedoch „Randthema".

Der Neurologe und Psychotherapeut Sigmund Freud (1856-1939) brachte mit der Psychoanalyse die Träume zurück an das gesellschaftliche Tageslicht und sprach dabei von einer „inneren Verwandtschaft" zwischen „Traum und Geistesstörung" (Freud, S. 83). Kritik und Widerstand ließen nicht auf sich warten, denn „Es war unvorstellbar, dass ein normaler, achtbarer Bürger die vielen ‚verrückten' Impulse in sich haben sollte oder konnte, die in seinen

Träumen auftauchten." (Fromm 1981, S. 48) Die erste 600er-Auflage von „Die Traumdeutung" erschien 1900 und reichte für die nächsten zehn Jahre. Das Buch wurde zunächst „verdrängt" (Mannoni 1977, S. 66).

In Freuds Traumtheorie sind Träume in der Regel Ausdruck unverarbeiteter „Tagesreste" (Freud 1971, S. 458). Dabei bringen sie „das psychisch Unterdrückte zum Vorschein" (ebenda, S. 77) und dienen der „Wunscherfüllung" (ebenda, S. 110), insbesondere unterdrückter sexueller Wünsche aus der Kindheit (ebenda, S. 479). Träume integrieren außerdem nächtliche Sinnenreize und verhindern dadurch das Aufwachen, so dass sie als „Wächter des Schlafes" erscheinen (Freud 1977, S. 199).

In einem Akt kreativer „Verhüllung" entsteht der „manifeste", für uns sichtbare Traum, wobei sich die Analyse darum bemüht, durch „Enthüllung" dessen „latenten" Gehalt offenzulegen (Thomas 1989, S. 65). Dabei erscheinen die Traumsymbole als Sprache des Unbewussten, als Symbole für Gefühle (Fromm 1981, S. 17).

Im Gespräch zwischen Ärztin/Arzt und Patientin/Patient soll der kritische Trauminhalt durch „freies Assoziieren" (Freud 1977, S. 89ff.) verstehbar und behandelbar gemacht werden. Dabei liegt die Deutung eines Traumes maßgeblich in Händen der Patientin/des Patienten (ebenda, S. 91). Neben dem pathologischen Gehalt schreibt Freud Träumen jedoch auch die Fähigkeit zu „kompliziertesten Denkleistungen ohne Mittun des Bewusstseins" zu (ebenda, S. 482).

Für den Schweizer Psychiater Carl Gustav Jung (1875–1961) ist die Erfüllung vor allem verdrängter sexueller Impulse nicht der entscheidende Grund des Träumens wie bei Freud. Jungs Ansicht nach sind Träume die „Brücke, die die Kluft zwischen dem Bewusstsein und der letztlich physiologischen Basis des psychischen Phänomens schließt", dem Unbewusstsein. Sich dem Träumen zuwenden hiesse hier, sich dem „Symptom einer generellen Unbewusstheit" zuwenden (Jung 1997, S. 32). Dieser Schritt würde „unser ärmliches Bewusstsein" um die „vergessene Sprache der Instinkte" bereichern (ebenda, S. 32). Indem Träume Mangelsituationen kompensieren, sorgen sie für mehr innere Balance und wirken daher auch heilend (Jung 1995, S. 62).

Träume sind Symbole des Unbewussten, der „terra incognita", die „schlummernde Potenziale" in sich birgt (Jung 1997, S. 85–87). Jung selbst träumte 1913 den Krieg voraus, hielt diese Möglichkeit jedoch für ausgeschlossen, da sie seinen damaligen Denkkonzepten widersprach (vom Scheidt, S. 162).

Träumende verfügen über das Wissen des Wachbewusstseins hinaus auch über das vergessene Wissen des „persönlichen Unbewussten" und des „kollektiven Unbewussten". Letzteres umfasst universale Themen wie Geburt, Leben und Sterben, die sogenannten „Archetypen" (Jung 1997, S. 83).

Die Sprache der Traumbilder begreift Jung als Metapher, „anschaulich und bildhaft" mit emotionalen Aspekten, „gegenüber farblosen oder bloß rationalen Aussagen". Daher ist sie nicht gleich verständlich, wobei „dies gewiss keine absichtliche Verhüllung" bedeutet (ebenda, S. 27).

Nach Jung erschließen sich Träume im Gespräch zwischen PsychoanalytikerIn und PatientIn durch „Amplifikation", wobei der Traum in seiner existenziellen Bedeutung für die Träumenden untersucht wird (Ullmann 1994, S. 64). Dazu schickt Jung die Patienten in einen „inneren Dialog" mit ihren Traumfiguren (Faraday 1986, S. 102). Er lässt sie begrenzt frei assoziieren, indem er sie mit der Frage „Was sagt der Traum?" immer wieder zur Quelle zurückführt (Jung 1997, S. 14). Darüber hinaus berücksichtigt Jung den aktuellen Lebenskontext für das Traumverständnis (ebenda, S. 173).

„Die Psychoanalyse ist eine Krankheit." (Perls 1969, S. 235) Der Psychiater Fritz Perls (1896–1968) kritisierte die Psychoanalyse und entwickelte in der Emigration gemeinsam mit seiner Frau, der Psychologin Laura Perls, die Gestalttherapie als ein ganzheitliches Therapiemodell. Anfang der siebziger Jahre kam die neue Therapieform nach Deutschland und hat sich inzwischen in allen Gesundheitsbereichen etabliert (Schwertfeger 1996, S. 102/103).

Für Fritz Perls ist der Traum der „Königsweg zur Integration" (Perls 1977, S. 150). Der Traum zeigt „Lücken in der Persönlichkeit"

(Perls 1969, S. 88) und enthält zugleich eine „klare existenzielle Botschaft dessen, was in unserem Leben fehlt, was wir zu tun und zu leben vermeiden, und wir haben eine Menge Stoff zu reassimilieren und müssen uns unsere entfremdeten Teile wieder zu eigen machen" (ebenda, S. 83).

Dabei schöpfen Träume aus dem „Unbewussten, das alles umfasst, was wir brauchen, um das Vergessene und Verdrängte zu erinnern." Die Bedeutung der immer „verschlüsselten und verborgenen Botschaften" (ebenda, S. 132) ergibt sich sowohl aus vergangenen wie aus aktuellen Lebenssituationen. Sie gelten ihm als Indiz für neurotische Störungen bzw. Fährten, die zu deren Ausgangspunkt zurückführen (ebenda). Zugleich erkennt Perls im Traum den „wahrscheinlich spontansten Ausdruck des Menschen, ein Kunstwerk" (Perls 1977, S. 157).

Jungs „inneren Dialog" haben die Perls in ihrem Methodeninstrumentarium erheblich erweitert, indem sie mit einer „Gestalttherapie in Aktion" (Perls 1969) vom Wort zur Tat schreiten: Der „hot seat", „der heiße Stuhl" entspricht der von den ProtagonistInnen empfundenen Angst, sich mit dem persönlichen Traumgeschehen öffentlich zu machen. „Der leere Stuhl" verwirklicht ziemlich viel von deiner intrapersonalen Begegnung" (Perls 1969, S. 84). Dort können Personen, Gegenstände, Gefühle u.a. des eigenen Traums imaginär Platz nehmen und angesprochen werden. Darüberhinaus bietet Perls seinen KlientInnen die Möglichkeit, auch mal den Platz des Gegenübers einzunehmen, sich also mit dem Traum-Du zu identifizieren (ebenda). Mit dem Traumgeschehen auf diese Weise ins Gespräch zu kommen steigert die Möglichkeit, deutlicher zwischen dem wirklich Anderen und dem abgespaltenen Eigenen zu unterscheiden. Das Abgespaltene, Vergessene oder Verdrängte kann zurückgeholt, integriert werden, indem es als mir zugehörig erlebt und erinnert wird. Dieser Prozess „redlicher Arbeit jenes psychiatrischen Ansatzes, den ich Gestalttherapie nenne" erfordert nach Perls Ansicht BegleiterInnen mit einer professionellen psychotherapeutischen Vorbildung (ebenda, S. 11).

Der Begründer der „integrativen Therapie", Hilarion Petzold (*1945), versteht Träume in Anlehnung an Fritz Perls als „existenzielle Botschaft" (s.o.) mit dem Ziel einer „guten Gestalt der Person" (Perls 1969), die durch die Integration der Persönlichkeit erreicht werden kann (Petzold 1977, S. 147). Der Psychoanalytiker und Psychotherapeut sieht den Traum als „schöpferische Leistung des Organismus, durch die Eindrücke des Tages (Tagesreste), Reize aus dem Körper und biographisches Material verarbeitet werden" (ebenda, S. 148). Darüberhinaus „spricht vieles dafür, dass der Traum eine Funktion der rechten Hirnhemisphäre ist, für die ganzheitliches, symbolisches Denken, räumliche Vorstellung, emotionales Erleben charakteristisch ist" (ebenda, S. 149).

Der Traum ist bei Petzold „Ausdruck der menschlichen Person, in dem sie sich (...) in ihrem eigentlichen Wesen darstellt" (ebenda, S. 148). Träume integrieren Abgespaltenes, verarbeiten Konflikte, machen Überforderungssituationen deutlich, weisen auf notwendige Veränderungen hin und ermöglichen die kreative Entfaltung menschlicher Potenziale (ebenda, S. 152). Der Traum dient insofern einer umfassenden „gesundheitserhaltenden Selbstregulation und Entwicklung" (ebenda, S. 147). Seine Aufmerksamkeit und Auskunft gilt dem Lebenskontext, dem „Leib-Geist-Seelischen-Organismus" und der Ausrichtung der eigenen Persönlichkeitsentwicklung (ebenda, S. 150).

Träume sind als schöpferische Leistungen niemals Setzungen ‚ex nihilo', sondern aus dem Stoff dieser Welt gemacht (ebenda, S. 148). Ihre Sprache ist ganzheitlich, symbolisch und emotional. Unter „Entschlüsselung" versteht Petzold vor diesem Hintergrund den Versuch, „die Sprache des Traums mit der Sprache reflexiver Rationalität zu verbinden, sie einander anzunähern." Wenn so „wechselseitige Durchdringung" stattfindet, eröffnet sich „eine neue Form des Denkens/Erlebens, in dem Kognition und Emotion, Rationalität und Intuition, Analyse und Kreativität verbunden sind" (Petzold 1977, S. 156).

In der Traumarbeit soll die KlientIn ihren „Traum erneut träumen, damit er unmittelbar an die kreativen und integrativen Prozesse angeschlossen ist" (ebenda, S. 154). Petzold bietet hierfür die konkrete Arbeit differenzierter methodischer Orientierung, die die Erlebnisebenen, die Ebenen der Bearbeitung sowie den modellhaften Prozessverlauf (Tetradisches Modell) betreffen (ebenda, S. 155/156).

Die integrative Traumarbeit hat das Methodenspektrum der Psychoanalyse und Gestalttherapie wesentlich erweitert. Petzold arbeitet etwa mit dem Rollenspiel des Psychodramas (Moreno 1964), mit kreativen Medien sowie mit „induzierten Wachträumen" (Petzold 1977, 164/65), dem „Katathymen Bilderleben" ähnlich (Leuner 1980). Neben der therapeutischen Arbeit erwähnt Petzold auch die Möglichkeit erlebnisorientierter Arbeitsansätze, die „die evolutiv-kreative Kraft der Träume (...) dann in den Dienst der Selbstverwirklichung und Persönlichkeitsentwicklung" stellen können (ebenda S. 169).

Die soziale Dimension des Traums

Dem englischen Psychoanalytiker und Organisationsberater Gordon W. Lawrence (*1934) fiel bereits Ende der siebziger Jahre in der Arbeit mit Gruppen auf, dass dort geäußerte Träume vielfach „über den Rahmen des persönlichen Lebens hinauswiesen" (Lawrence 1998, S. 14). Aber erst die Entdeckung von „Das III. Reich der Träume" von Charlotte Beradt überzeugte ihn von der Notwendigkeit, die engen Grenzen individueller Trauminterpretation zu überwinden. In den von Beradt zwischen 1933 und 1939 gesammelten rund 300 Träumen vermitteln zahllose Beispiele bereits 1933 Bilder eines Schreckens, der sich im Rückblick als Shoa erweisen sollte. Lawrence stimmt mit Beradt darin überein, „dass diese Träume nachweislich weder Produkte vergangener noch gegenwärtiger innerer Konflikte sind" (ebenda, S. 16). Vielmehr resultieren diese Träume „direkt aus der politischen Atmosphäre in der diese Menschen gelebt haben. (...) Es sind beinahe bewusste Träume." (Beradt, S. 19)

Seit 1982 hat Lawrence in Einzelberatungen, offenen Gruppen wie auch in der Managementberatung Erfahrungen mit einem Ansatz gesammelt, den er „Social Dreaming", also Soziales Träumen nennt. Grundsätzlich versteht Lawrence Träumen immer als „kontextbezogenen Prozess" (Lawrence 1998, S. 2) bzw. als eine „ursprüngliche Art von Aktionsforschung der Psyche über die Psyche für die Psyche, um Beziehungen zur äußeren Welt, zu anderen Menschen und zu Naturphänomenen aufzudecken" (Lawrence 1995, S. 12). Die zentrale Qualität des Traums, in Beziehung zu sein, bietet seiner Ansicht nach eine „Heilsubstanz gegen eine Besessenheit von Ego-Bewusstsein" (Lawrence 1998, S. 28/29). Die zentralen Inhalte von Träumen sind dabei Themen und Konflikte, die vielfach öffentlich weder benannt noch besprochen werden (Lawrence 1995, S. 10). Träume bergen das „ungedacht Gewusste" (Bion 1961).

Beispielsweise träumte ein Manager wiederholt davon, jeden Morgen auf dem Weg zur Arbeit einen Friedhof überqueren zu müssen. Die Auseinandersetzung mit dem Traum förderte die Annahme zutage, der Firma stehe eine grosse Finanzkrise bevor, die schlimm enden könne. Der Manager war deprimiert, da die meisten seiner Kollegen diese Möglichkeit kategorisch ausschlossen. Sie teilten miteinander die Fantasie einer unsterblichen Firma (Lawrence 1998, S. 123/24).

Träume können als Frühwarnsystem dienen. Sie sind „ein mächtiger Prozess, der (...) den Kern unseres sich schnell wandelnden digitalen Zeitalters trifft" (ebenda, S. 128). Über die Produktion, operative Abläufe, Marketing und Verkauf hinaus geben sie Auskunft über die 4. Dimension in Organisationen: über unausgesprochene oder noch nicht gewusste Informationen (ebenda, S. 179). Diese Dimension wird jedoch vielfach ausgeblendet, weil sie „eine Bedrohung für das gewöhnliche Bewusstsein darstellt." Insofern sind Organisationen nach Lawrence Ausdruck „rationaler Verrücktheit" (Lawrence 1995, S. 11).

Lawrence plädiert dafür, „über die Träume mit dem Unbewussten ins Gespräch zu kommen" (ebenda, S. 12). Denn das Unbewusstsein hat eine Dimension, die sich im Traum offenbart (ebenda, S. 2). Prozesse der größeren Gesellschaft können sich in den Träumen einzelner spiegeln (Bion zit. n. Lawrence 1989, S. 76). Nach den Erfahrungen der modernen Quantenphysik sind wir gezwungen, von der linearen Illusion des Industriezeitalters Abschied zu nehmen. Zu dessen „optischer Dimension", die durch das funktioniert, was sie sieht, gesellt sich nun der „akustische Raum" der Informationsgesellschaft. Ein Raum, in dem Wellen, Gedanken und Stimmen transportiert werden, die... (Lawrence 1998, S. 170/71). Das Unsichtbare wird zur anerkannten Realität. Das unsichtbare Unbewusste enthält einen „enormen Beitrag kondensierten Materials aus allen unseren Erfahrungen, die außerhalb des Sichtfeldes unseres Bewusstseins liegen" (Ullmann zit. n. Lawrence 1998, S. 180). Träume bringen bis dahin unbewusste Informationen des aktuellen sozialen und politischen Lebens zum Ausdruck.

Träume, Träumer und das Träumen müssen gefeiert werden (Lawrence 1998, S. 30). Soziales Träumen findet bei Lawrence in einer sozialen Traum-Matrix statt. „Matrix, abgeleitet vom lateinischen Wort für Uterus (...) ist ein Ort, aus dem heraus etwas wachsen kann." (ebenda, S. 17) Hier kann „die kritische Beziehung zwischen bewussten und unbewussten Dimensionen des Geistes durch Träumen überbrückt werden. Die künstliche Trennung der beiden (...) verstärkt die fatale Spaltung zwischen Rationalität und Irrationalität, Denken und Fühlen, Gut und Böse, Heilig und Profan." (ebenda, S. 39)

Die Matrix „bietet eine mögliche Arena für den Ausdruck kollektiver Perspektiven" (Helen Morgan zit.n.Lawrence 1998, S. 60). „Hier bleiben persönliche Aspekte der Träume privat, während soziale Aspekte der Träume mitgeteilt und diskutiert werden" (Lawrence 1989, S. 77). Kontakte untereinander entstehen durch Träume, der Sprache dieses Diskurses (ebenda, S. 32). „Die TeilnehmerInnen träumten sich in die Träume der anderen und verbanden sich miteinander durch ihre Träume. (...) Die Voraussetzung dafür ist eine wohlwollende Umgebung für emotionale Erfahrung und Austausch." (Lawrence 1995, S. 4) Immer wieder deklariert Lawrence Träume als Ausdruck sozialer Verhältnisse, sich manchmal eher lyrisch dem Wissen des Zwielichts nähernd: „I strain after Sphinx for dreaming is a form of thinking, the first, and I want to emphasise that unbeknown to us we are linked." (Lawrence in einer Mail an die Autorin vom 2.9.1999)

Auch die Träume eines Unternehmens sind ein soziales Ereignis, das im Rahmen der sozialen Matrix eingefangen werden kann. Das Bewusste und Unbewusste institutioneller Dynamiken kann beleuchtet werden. Dabei bietet die Traum-Matrix keinen Raum, wo schwierige Fragen beantwortet werden können, sie erlaubt ihnen jedoch, gestellt zu werden (Helen Morgan in Lawrence 1998, S. 69). Nach der Übernahme einer französischen Firmengruppe durch mehrheitlich deutsche Anleger führte Lawrence mit dem Präsidenten und Management-Direktoren eine dreitägige Soziale Traum-Matrix durch. Hier tauchte in einem Traumsegment ein fetter Herzog auf, der sich zu einem kleinen Vasallen auf den Thron setzen sollte. In der Auseinandersetzung wurden die Ängste der Übernommenen deutlich, von den Deutschen „plattgemacht" zu werden. Die veränderte ökonomische Situation hatte auch die psychische Selbstwahrnehmung der Beteiligten deutlich geändert. Ein Tabu war gelüftet. woraufhin identitätsklärend gearbeitet werden konnte (Lawrence 1995, S. 10).

Um die soziale Bedeutung aller Ereignisse aufdecken zu können, arbeitet Lawrence mit freier Assoziation (Freud) und Amplifikation (Jung). Beim freien Assoziieren werden Einfälle, Ideen und „Hintergedanken" zu einzelnen Versatzstücken eines Traums mobilisiert; die Amplifikation fragt nach der „existentiellen Bedeutung des Traums für die träumende Person in seinen Farben, Formen, Strukturen und Funktionen" (Ullmann 1994, S. 60). „Während freies Assoziieren das lineare Denken mobilisiert, geht Amplifikation mit dem Traum und produziert neue Bedeutungen und Einsichten." (Lawrence 1998, S. 4) Dabei interveniert Lawrence als Begleiter „nur spärlich, um den TeilnehmerInnen zu neuen Assoziationen und Verbindungen zu verhelfen, um sie in ihren Entdeckungen zu unterstützen" (ebenda, S. 11).

Die TeilnehmerInnen der sozialen Traum-Matrix helfen der träumenden Person sich selbst besser zu verstehen, indem sie zu deren Traum assoziieren. „Unter MitarbeiterInnen oder auch hierarchieübergeifend kann die Soziale Traum-Matrix etwa helfen, Arbeitsbeziehungen zu klären, sei es im Rahmen von Aktionsforschung, Gesprächen oder anderen Beratungsformen." (Lawrence 1995, S. 33)

Dieser Prozess, der sich als „Paradigma für das Entdecken anderer Verbindungen zwischen Phänomenen und Ereignissen in unserer Umwelt versteht, vollzieht sich auch unter neuen Rahmenbedingungen. Die Struktur der Stuhlanordnung spiegelt die Struktur einer Schneeflocke bzw. eines Diamanten. Die Matrix schafft durch einen anderen Kontext andere Träume und der veränderte Kontext ändert die Beziehung der TeilnehmerInnen untereinander." (Lawrence 1998, S. 33)

3. DreamGuidance – Konzept und Methoden

3.1 Einführung in ein multidimensionales Traumkonzept

(siehe Abb. 8)

Träume symbolisieren vernetzte Lebensvielfalt. Sie haben eine psychologische, soziale, politische, kybernetische, physiologische, und physikalische Dimension. Ihre Informationen beziehen Träume aus uns bekannten und (noch) unbekannten Quellen bzw. Feldern. Träume verknüpfen Bekanntes immer neu. Das kreative Potenzial macht alle Träumenden zu KünstlerInnen. Träume wirken inspirierend und revolutionierend.

Von dieser Prämisse ausgehend, plädiert DreamGuidance für die übergreifende Re-Integration des Traumkapitals in das gesellschaftliche Leben. Wie bereits in Ägypten, Mesopotamien und im klassischen Griechenland üblich, müssen die relevanten Fragen unserer Zeit nicht nur bedacht und besprochen, sondern auch beträumt werden (siehe Abb. 4)!

Die Komplexität aktueller Problemlagen verlangt komplexe Medien. Daher integriert DreamGuidance über die individuelle und soziale Dimension hinaus auch das raum- und zeitübergreifende, multidimensionale Traumwissen, denn „Zeiträume – Zeit und Raum lassen sich für das menschliche Bewusstsein faktisch nicht entflechten." (Petzold 1987, S. 48) Einstein spricht von einer „unsichtbaren Quelle", die für das innere Erleben massgeblich ist (Einstein 1942). Der antike Traumforscher Artemidor berücksichtigt die kosmische Dimension, die sich allerdings vorrangig auf meteorologische Phänomene bezieht.

Die Renaissance einer hochentwickelten Traumkultur kann zur Entwicklung (bisher) unglaublicher Lösungsideen und ihrer Umsetzung beitragen. Denn qualitativ neue Antworten lassen sich nur über qualititativ neue Entwicklungsansätze finden. Eine so gefundene

Antwort wird – quasi aus Gewohnheit – zunächst abgewehrt, da sie alle bisherigen Denkkonzepte in Frage stellt. Kekulé beispielsweise fand im Traum eben nicht gleich den Benzolring sondern zunächst die Metapher einer Schlange, die es zu deuten und verstehen galt.

Über die unterschiedlichen Wissensdimensionen des Traums hinaus stützt sich dieser Ansatz auch auf verschiedene wissenschaftliche Disziplinen, insbesondere die Quantentheorie, die Psychologie und die Religionsgeschichte. Die Quantentheorie erklärt, dass sich Materie als Teilchen oder als Welle manifestieren kann. Allerdings kann immer nur einer der beiden Aspekte untersucht werden. Der Experimentator entscheidet durch seine Einstellung, welches Potenzial sich zeigt. Untersucht er die Bewegkraft, zeigt sich Materie als Welle; untersucht er die Teilcheneigenschaft, erscheint sie als Teilchen. Möglicherweise sind solche Quantenphänomene auch auf uns als Menschen anwendbar (M.J. Wheatley 1997, S. 3). Die Psychologie der Kontrollmeinung hat nachgewiesen, dass der Glaube daran, „Erfahrung(en) der eigenen Wirksamkeit" machen zu können entscheidender ist als tatsächlich wirksam zu sein (Flammer 1990). „Der Glaube versetzt Berge" sagt der Volksmund. Kein Glaube ohne Gefühle, die mit dem Beitrag von Daniel Goleman „Emotionale Intelligenz" auch im Managementbereich gesellschaftsfähig geworden sind (Goleman 1996). Darüber hinaus ist das Thema Wille, Willens- und Entscheidungskraft jedoch trotz seiner zentralen Bedeutung für effektives Management theoretisch und praktisch sträflich vernachlässigt worden (Petzold 1998, S. 311). Völlig außer achtgelassen wurde schließlich das Phänomen Liebe.

Eine strahlende Gestalt der spanischen Mystik steht mir bei der Entwicklung von DreamGuidance Patin. Theresa von Avila fühlte sich bis zu ihrem 40. Lebensjahr von den unterschiedlichsten, sich widersprechenden Interessen und Neigungen zerrissen und wäre an ihren zahlreichen gescheiterten Bemühungen beinah gestorben. Sie glaubte dennoch an den Sinn ihrer Beharrlichkeit bei der verzweifelten Suche nach Einswerden im Gespräch mit Gott. Schließlich entschloss sie sich zu abgeschiedener Konzentration durch Gebet: Stille und Vertrauen als Voraussetzung für „das mächtige

Eingreifen Gottes". Dann empfing sie eine Vision, nach der sich ihr Leben vollständig veränderte (Nigg 1996, S. 48). In ihren Erlebnissen ekstatischer Visionen bündelte sich alle Energie und „Gott wurde für sie zu einer Wirklichkeit, die unumstößlicher war als die sie umgebende Alltagswirklichkeit" (ebenda, S. 58). In dieser von ihr mit allen Sinnen vollzogenen Synthese gedachter Gegensätze „erhob sich ihr Körper von selbst vom Boden und schwebte frei in der Luft über der Erde, während ihr Antlitz eigenartig zu leuchten begann" (ebenda S. 59). Diese Überwindung der Gesetzmäßigkeiten eines mechanischen Physikverständnisses ist die Folge einer „ungewöhnlichen Vermählung" gedachter Unvereinbarkeiten. Nach Avila werden Gott und Seele eins, ein Zustand völliger „Selbstvergessenheit der Seele" (von Avila, S. 68).

„In der Ekstase finden die wahren Offenbarungen und Gnadenerweisungen statt." (von Avila, S. 54) Insofern ist die Ekstase für Teresa göttlich wie bereits im alten Testament Traum und Vision, durch die Gott zu den Propheten spricht (AT, 4. Moses 12,6). Momente völliger Hingabe, in denen die Kontrolle über das Wachbewusstsein vollständig aufgehoben ist und so sprechen kann, was sonst schweigen muss. Nichts weist dringlicher auf den Niedergang des Christentums hin als das langsame Verschwinden des visionär-ekstatischen Erlebens in der Neuzeit (Nigg 1996, S. 54).

Höchste Vollkommenheit sieht Teresa von Avila darin, den als göttlich erkannten Willen vom eigenen Willen ganz zu umfassen (ebenda).

Für die praktische Umsetzung hinterließ sie eine einfache Anleitung: „Nur daran möchte ich noch erinnern, dass es, um auf diesem Wege weit voranzuschreiten (...), nicht darauf ankommt, dass wir viel denken, sondern darauf, dass wir viel lieben, und darum sollt ihr tun, was eure Liebe stärkt. Vielleicht wissen wir nicht, was Lieben ist, und ich würde mich auch nicht sonderlich darüber wundern. Die Liebe besteht nämlich nicht in wonnigen Gefühlen der Andacht, sondern in dem festen Entschluss, in allen Stücken Gott gefallen zu wollen." (von Avila, S. 82)

Über die Seele äußert sich von Avila so kühn wie Einstein über das Universum. „Das, was die Seele angeht, ist immer als eine Fülle zu denken; denn nichts davon ist übertrieben, weil die Seele viel mehr zu fassen imstande ist, als wir uns denken können." (von Avila, S. 83) „Das Universum ist nicht nur eigenartiger als wir denken. Es ist eigenartiger als wir uns denken können." (Einstein 1998, S. 6)

Einsichten in solche Hintergründe begünstigen die Entwicklung von Humor, einem von beiden überlieferten und geschätzten Charakterzug. Als sich von Avila bei einem Besuch vom Auftragen ihrer Lieblingsspeise begeistert zeigt, brüskiert sich eine Laienschwester über diese Gefühlsäusserung einer heiligen Person. Teresa lacht und sagt: „Lobe lieber die Freundlichkeit deines Herrn und merke dir: wenn Rebhuhn, dann Rebhuhn, wenn Buße, dann Buße." (von Avila, S. 101) „Gott bewahre mich vor Heiligen mit verdrießlichen Mienen." (ebenda, S. 99) Die vielfache Klostergründerin und –managerin ließ es sich daraufhin schmecken.

DreamGuidance integriert verschiedene Wissensdimensionen und wissenschaftliche Disziplinen (siehe Abb. 6 und 8). Diesem Ansatz entspricht im Coaching ein integratives Verfahren, das bedarfsorientiert und prozessbegleitend vorgeht (siehe Kapitel 3.2). So kann DreamGuidance einzelne, Teams und Gruppen systematisch darin fördern, ihre ungenutzten Potenziale zu entdecken und gewinnbringend einzusetzen.

3.2 Das integrative Coachingkonzept von DreamGuidance

Coaching versteht sich hier in Anlehnung an eine und Fortführung von einer Beratungstradition, die im Sozialbereich als „Supervision" bereits seit fast 50 Jahren berufliche Zusammenhänge aufgreift. Dabei unterscheidet sich die eher therapeutisch ausgerichtete Supervision in der Tradition der Psychotherapie von der

Supervisionstradition, die sich umfassend mit Einflüssen beruflicher Sozialsysteme auseinandersetzen.

Entsprechend ist das diagnostische und methodische Instrumentarium therapeutischer Supervisoren eher an individualisierenden und beziehungsorientierten Ansätzen ausgerichtet, während sozialarbeiterische Supervisoren sich für ihre Theorie- und Methodenwahl eher an Kontextfaktoren orientieren (Schreyögg 1992, S. 1).

Das integrative Coachingkonzept von DreamGuidance orientiert sich am spezifischen Verfahren der „Integrativen Supervision", das auf dem Hintergrund einer in sich stimmigen Wissensstruktur verschiedene Theorien und Methoden miteinander verschränkt und als ein in sich geschlossenes Gesamtmodell verstanden wird (ebenda, S. 75).

Das integrative Coaching ist eine professionelle Form der Managementberatung. Hier verhandeln Führungskräfte „unter vier Augen" oder in einer Kleingruppe alle für sie relevanten Fragestellungen mit einem Coach. Zugleich ist das Coaching ein Instrument der Personalentwicklung, das für einzelne perfekt maßgeschneidert werden kann. Darüber hinaus dient es als Forum für den persönlichen Austausch zu Fragen von „Freud und Leid" im Beruf (Schreyögg 1995, S. 8).

Das grundlegende Ziel des integrativen Coaching besteht in der Förderung beruflicher Selbstgestaltungspotenziale, also des Selbstmanagements von Führungskräften und FreiberuflerInnen (ebenda, S. 11). Darüber hinaus ist das Coaching auch für UnternehmerInnen und Vorstände ein Ort gewinnbringender Reflexion. Der Ansatz richtet sich an und ist geeignet für ManagerInnen im Profit- und Non-Profit-Bereich.

Dem integrativen Coaching liegen anthropologische und erkenntnistheoretische Prämissen zugrunde, vor deren Hintergrund im Beratungsprozess auftretende Phänomene intersubjektiv gedeutet, strukturiert und mehrperspektivisch erfasst werden. Ein für Supervisions- und Coachingprozesse geeignetes Theorieninventarium untermauert und sichert die so gewonnenen diagnostischen Erkenntnisse ab. Davon ausgehend werden prozess- und bedarfsorientiert geeignete Methoden und Techniken abgeleitet und gezielt eingesetzt (Schreyögg 1992, S. 75).

Die anthropologischen Prämissen des Integrativen Coaching sehen den Menschen nach Schreyögg als potenziell autonom bzw. handlungsfrei (Apel et.al. 1984), auf Sozialität angewiesen (Merleau-Ponty 1942) und auf berufliche und persönliche Selbstverwirklichung ausgerichtet (Maslov 1973). Darüber hinaus wird Arbeit für den Menschen als identitätsstiftender Faktor verstanden (Schreyögg 1992, S. 136/137).

Erkenntnistheoretisch geht das Integrative Coaching davon aus, dass

- Menschen die Welt sowohl subjektiv erfahren wie auch deuten und ihr Handeln danach ausrichten (Foerster 1981),

- komplexe Phänomene nur durch Mehrperspektivität erfasst werden können (Strasser 1962, Schreyögg 1992, S. 138, Petzold 1965, 1998, S. 233). „Vielfalt will vielfältig gesehen werden." (Petzold 1998, S. 110) Dabei spielen Gedanken der „Konnektivierung" (Wissensvernetzung zur Erweiterung von Wissensbeständen) und „Transversalität" (nicht-lineares Denken und vielfältige (Meta-)Reflexion zur Integration chaotischer Vielfalt) eine große Rolle (Petzold 1998, S. 34/35).

- Erkennen kein nur kognitiver Vorgang ist, sondern jede Erkenntnis ist an ein Körper-Seele-Geist-Subjekt gebunden, an ein Leib-Subjekt, das „Szenen" speichert (Petzold 1993). Erkennen ist ein ganzheitlicher Vorgang, eine durchaus sinnlich erlebbare Fest-Erfahrung (Langer 1959, S. 19/20), ein Akt „intellektuell-spiritueller Leidenschaft" (Morrien 1988b).

- Erkennen auch nicht-gegenständliche „bedrängende Atmosphären" (Schmitz 1978) berücksichtigen muss.

Beim integrativen Coaching beginnt Erkenntnis mit der Wahrnehmung von Phänomenen. Darunter wird „ein Sachverhalt verstanden, dessen Tatsächlichkeit der Betreffende dann nicht im Ernst bestreiten kann" (Schmitz 1989, S. 31). Beim Coaching mit DreamGuidance beginnt Erkenntnis mit der Wahrnehmung subjektiv erlebter Traumphänomene. Dazu zähle ich ebenfalls imaginäres Erleben, das durch die Intensität des Erlebten Realitätscharakter annehmen kann. Quantenphysikalisch ist das Übergangsphänomen von Wirklichkeit längst unumstritten. Subatomare Erscheinungen führen ein – nach unseren unverändert mechanisch geprägten Denkkonzepten – unfassbares Doppelleben. „Mal bestehen sie nur als Postion, dann als Momentum, mal sind sie Partikel, dann Welle oder Masse oder Energie – und all das als Reaktion aufeinander und ihre Umwelt." (Zohar 1997, S. 3)

Alle Menschen träumen, denn alle Menschen durchlaufen schlafend nachweislich sogenannte REM-Phasen, mit dem nur für die Traumphase typischen binokular synchron verlaufenden Rapid-Eye-Movement. Viele Forscher nennen diesen Zustand auch den „dritten Seinszustand", da sich dieser grundlegend sowohl vom gewöhnlichen Schlaf wie vom Wachzustand unterscheidet (Faraday 1986, S. 17–19). Durchschnittlich erinnert man einen Traum drei Tage lang (Hall 1966). Entscheidend für die Traumerinnerung ist die emotionale Intensität des Traumerlebens (Faraday, S. 49).

Die phänomenologische Methode geht systematisch von den Phänomenen zu den Strukturen zu den Entwürfen. Es gilt, etwa die persönlichen, Unternehmens- oder gesellschaftlichen Strukturen hinter den Traumphänomenen zu erkennen, um darüber zu den darin enthaltenen Zukunftsentwürfen der zu beratenden Person/en bzw. Organisationen zu gelangen, zu ihrem Sinn. Im hermeneutischen Prozess gelingt diese Deutung über Wahrnehmen, Erfassen, Verstehen und Erklären (Petzold 1993, S. 91ff).

Wesentlich ist hier, mehrere Reflexionsebenen am Deutungs- und Entwicklungsprozess zu beteiligen, um kreative Reibung und damit Synergien zu fördern. Die „Triplexreflektion" (Petzold 1998, S. 153) sieht dafür zunächst drei Ebenen vor. Ebene 1: Auf der

Grundlage eines kritischen Traumerlebnisses reflektiert der Coach etwa mit einer Klientin/einem Klienten deren/dessen Führungsstil, aktuelle organisatorische und Marktbedingungen. Ebene 2: Der Coach reflektiert die eigene Beobachtung und Kommunikation im Beratungsprozess. Ebene 3: Um eine exzentrische Position zu gewährleisten, berät sich der Coach mit externen Coaches und analysiert untergründig wirksame Strukturen im Prozess. Darüber hinaus kann in einer zusätzlichen Auswertung und Überschau des gesamten Prozesses (Ebene 4) ein philosophisches Klima entstehen, das qualitative Sprünge ermöglicht. Petzold spricht hier von „Eingebung" (ebenda S. 237).

Ein wesentliches Werkzeug im integrativen Coaching ist die „Awareness" (Bewusstheit). Jedoch erfolgt etwa der größte Teil der Gedächtnisleistung jenseits der awareness und der Bewusstheit, so etwa wenn wir gedankenverloren Auto fahren und jeder Handgriff sitzt. Dennoch handelt es sich um ein aus allen Bereichen zugängliches Gedächtnis: des visceral-propriozeptiven, atmosphärischen, ikonischen, szenischen und verbalen Gedächtnisses (Petzold 1987, S. 46). Wir erinnern uns meistens nur an eine „Stimmung", eine „Atmosphäre", Bilder oder Bildfragmente, gefolgt von Handlungsabläufen und schliesslich Worten. Bewusstheit erfordert die Erinnerung von Vergangenem.

„Bewusstheit ist ein Werkzeug. Wenn dir etwas bewusst ist, kannst du wählen." (Simkin 1994, S. 47) Je größer die Bewusstheit des eigenen Wollens und Handelns ist, desto mehr Wahlmöglichkeiten lassen sich erschliessen. Dies ist insbesondere in „Korrespondenzprozessen" möglich, in denen in intersubjektiven Prozessen Konsens durch verändertes Bewusstsein und erhöhten Erkenntnisgewinn gefördert werden kann (Petzold 1988, S. 491; 1991a, S. 19-90, 1998, S. 122).

3.3 Funktionen und Hypothesen zu DreamGuidance

„Nicht die sichtbare und vergängliche Materie ist das Reale, Wirkliche, Wahre, denn die Materie bestünde ohne den Geist überhaupt nicht, sondern der unsichtbare, unsterbliche Geist ist das Wahre."
Max Planck

DreamGuidance in sieben grundlegenden Hypothesen:

- Träume sind, erfassen und spiegeln raum- und zeitübergreifend alles und gestalten es nach eigenen Gesetzmässigkeiten (siehe Abb. 10./ in Anlehnung an Lawrence 1998, S. 2).

- Träume informieren uns umfassend. In ihnen offenbart sich das „ungedacht Gewusste" (Bion 1961). Träume sind Seismographen für unsichtbare Informationen, die neue Wissenssphären eröffnen.

- Träume irritieren durch Komplexität. Im tiefsten Innern wagen sie den exzentrischen Blick. Der zeigt Neues oder Bekanntes aus neuer Perspektive und lässt uns staunen.

- Träume erinnern uns an die sinnliche Kategorie aller Gedanken. Sie stehen Pate für den verleugneten siebten Sinn. Träume integrieren alle Sinne (siehe Abb. 3).

- Träume sind ein modernes Medium. Sie artikulieren sich audiovisuell, holografisch, „chaotisch" und non-linear.

- Träume sind die Schule der Veränderung. Dieses Medium „lesen" lernen, heißt, sich im Umgang mit und Verständnis von komplexer Wirklichkeit üben.

- Träume sind das Tor zur neuen Welt. Sie sind der letzte unerforschte Kontinent. Ein Dschungel wilder Denkarten und unerschlossener Energiefelder, die Abschied und Aufbruch fordern.

Die Sinnhaftigkeit dieser Aussagen erklärt sich vor allem, wenn – über die bisherige wissenschaftliche Heimat der Träume in Psychologie, Philosophie und Religionswissenschaften hinaus – auch Theoriemodelle der modernen Naturwissenschaften herangezogen werden.

Die „chaotischen" Träume haben mit der Quantentheorie ein kleines Schwesterchen bekommen. Nach den Kriterien mechanistischer Logik verhält sie sich schon jetzt verrückter als manche große Schwester. Die Quantentheorie hat sich von festen, unteilbaren Elementarteilchen verabschiedet und spricht stattdessen von subatomaren Beziehungsmustern. Elementarteilchen erscheinen durch Interaktion verschiedener Energiequellen als kurzfristige Übergangsphänomene, die sich fortlaufend umwandeln. Die Wahrscheinlichkeit solcher Prozesse und die Eigenschaften der anderen Teilchen kann zwar berechnet werden, nicht aber welche Reaktion tatsächlich eintritt. Die Folge davon sind paradoxe Situationen auf Quantenebene, die von den Forschern bisher nicht erklärt werden können. Bildlich gesprochen sind die Quantenmodelle so angelegt, als ob ein Manager dann gleichzeitig im Flugzeug nach Bangkok und im Auto nach Frankfurt unterwegs sein könnte (Wheatley 1997, S. 3).

Nach gängiger Denkart ebenso verrückt wirkt die Erklärung der kleinen Schwester, Atome bestünden zu 99,999 % aus Raum. Dieser Raum sei jedoch nicht leer, sondern von nichtmateriellen Strukturen, sogenannten unsichtbaren Feldern durchzogen. Die seien zwar nicht sichtbar, wohl aber in ihrer Wirkung beobachtbar. Magnetische Felder werden etwa für die Stromerzeugung genutzt und die Schwerkraft hält uns alltäglich auf dem Teppich.

„Chaos ist Ordnung ohne Vorhersagbarkeit." (Cartwright 1997, S. 7) Hochleistungsrechner haben die Bewegungen eines Systems im drei-dimensionalen Raum über längere Zeit verfolgt und eine Kurvenbahn aufgezeigt, von der sich das System offenbar angezogen fühlt, weil es sich immer in ihrer Nähe aufhält (siehe Abb. 9/ Bütz 1997, S. 13). Dieser Bereich im Phasenraum, den das System bei allen seinen Routen nicht verlässt, bezeichnet die Chaosforschung als „seltsame Attraktoren“. Es handelt sich um Wiederholungsprozesse in einem nicht-linearen System (Wheatley 1997, S. 7).

Träume sind aus dem Stoff, aus dem die Räume sind. „Wir wandeln alle in Geheimnissen. Wir sind von einer Atmosphäre umgeben, von der wir noch gar nicht wissen, was sich alles in ihr regt und wie es mit unserem Geiste in Verbindung steht. So viel ist wohl gewiss, dass in besonderen Zuständen die Fühlfäden unserer Seele über ihre körperlichen Grenzen hinausreichen können…“ (Goethe 1985, S. 113). Goethes Offenheit für eine Logik des (noch) Unerklärlichen ist programmatisch für DreamGuidance.

Die Definition von Elementarteilchen als „gebündelte Potenzialität“ passt makroskopisch gesehen auch gut auf Menschen. Auch wir zeigen in verschiedenen Situationen und in der Beziehung zu unterschiedlichen Menschen jeweils andere Eigenschaften (Wheatley 1997, S. 3).

Wir sind gefordert, uns zu verabschieden von vertrauten, inzwischen jedoch überholten mechanistischen Denkmustern. Die aktuellen Forschungsergebnisse der Quantenphysik ermutigen dazu, Traumphänomene ernstzunehmen und diese als Wissensressource in allen Fragen zu berücksichtigen. DreamGuidance plädiert für das Ende der Diktatur des Beweis- und Sichtbaren zu Beginn des III. Jahrtausends.

Wenn wir schlafen, träumt es hellwach in uns. Verrückte, ungebändigte, chaotisch-wilde, unkontrollierte Traumphänomene bilden das Material für sinnlich erfahrbare intellektuelle Kau- und Verdauungsprozesse. Diese Phänomene auf verschiedenen Ebenen mehrperspektivisch zu beleuchten schafft die Voraussetzung und Möglichkeit für qualitative Entwicklungssprünge.

Ein Kaleidoskop weiterer Traumfunktionen und -hypothesen im Detail:

Träume sind komplexe Spiegel für komplexe Vorgänge.
„Ich glaube, einige der grundlegensten Probleme, mit denen wir uns auseinandersetzen, beruhen auf der Tatsache, dass die Komplexität und Ausgereiftheit unseres Denkens es nicht mit der Komplexität und Differenziertheit der realen Situationen aufnehmen kann, mit denen wir es zu tun haben." (Morgan 1997, S. 499)
„Komplexität schließt Rezepte aus." (Bolz 1997)

„Träume sind zeitweilig nicht nur Reaktionen auf vergangene oder zukünftige Ereignisse sondern können völlig neue Inhalte vermitteln." (Bro 1989, S. 193)

Das Bewusstsein ist eine Insel im Ozean der Träume.
In Anlehnung an die „Dreamtime" der australischen Aborigines. (Roberts & Mountford 1965, S. 9ff)

Träume haben eine soziale und politische Dimension.
(Artemidor; Beradt 1966, S. 19; Thomas 1989, S. 18ff.; Lawrence 1998)

Träume informieren raum- und zeitübergreifend.
Auf Anfrage unterrichtet Daniel Nebukadnezar sowohl über das, was dieser geträumt hat wie auch über dessen Bedeutung.
(AT, Daniel 2,28)

Träume bieten die Nahrung für eine sozial und spirituell ausgehungerte Gesellschaft.
Träume nähren eine „sozial ausgehungerte Gesellschaft".
(Lawrence 1998, S. 28/29)

Träume schaffen Verbindung und stiften Sinn.
In Beziehung zu sein ist die zentrale Aufgabe des Traums, Bedeutung zu entdecken seine zentrale Aufgabe. (Lawrence 1998, S. 124)

Träume verarbeiten Tagesreste.
(von Bingen 1991, S. 113; Freud 1977, S. 458)

Träume bilden die Brücke zwischen Bewusstsein und Unbewusstsein. (Jung 1997, S. 32)

Träume bieten „Heilsubstanz gegen Besessenheit von Ego-Bewusstsein". (Lawrence 1998, S. 28/2)

Träume verleugnen, heißt, die Halluzination von „Kein-Traum" auszuleben. Führungskräfte, die sich nicht mit ihren eigenen Träumen befassen, leben die Halluzination von „Kein-Traum" aus.
(Lawrence 1998, S. 8)

Träume sind ein Beitrag zum modernen Wissensmanagement.
Sie geben Auskunft über die vierte Dimension in Organisationen: Über Informationen zu Produktion/Operation, Marketing und Verkauf hinaus, informieren sie über unausgesprochene und noch nicht gewusste Informationen.
(Lawrence 1998, S. 179)

Traumignorante Organisationen sind Organisationen „rationaler Verrücktheit". Der Traum straft das Alltagsbewusstsein Lüge.
(Lawrence 1995, S. 11/2.4.1)

Träume sind eine Funktion der rechten Hirnhemisphäre.
(Petzold 1977, S. 149)

Träume sind schöpferische Leistungen.
(Petzold 1977, S. 148)

Träume verarbeiten Konflikte.
(Petzold 1977, S. 152)

Träume dienen der Entfaltung der Persönlichkeit und ihrer Potenziale. (Petzold 1977, S. 152)

Träume wirken belebend.

Träume rissen Goethe aus depressiven Zuständen.
(Goethe, in: Jezower 1985, S. 511)

Träume agieren kulturübergreifend.
In einem Seminar meines Kollegen Lawrence war in einer australischen Seminargruppe keine UreinwohnerIn unter den TeilnehmerInnen. Im Traum jedoch fand sich eine Teilnehmerin als Aborigine wieder, die über ihre Traumerfahrungen eines ausgegrenzten Lebens im heutigen Australien berichtete.
(Lawrence 1998, S. 25)

Träume geben Orientierung.
„Ich wählte die Träume als Orientierung. (...) Und wenn wir erstmal eine Vorstellung des Wunsches haben, können wir uns darauf zu bewegen."
(Nin 1979, S. 151)

Träume warnen vor Gefahr.
George Grosz wurde im Traum gewarnt und aufgefordert, das Land zu verlassen. Daraufhin emigrierte er in die USA und entkam so der Shoa.
(Beradt 1966, S. 61)

Träume enthalten existentielle Botschaften.
(Perls 1969, S. 82)

Träume bergen „schlummernde Potenziale".
(Jung 1997, S. 85)

Träume schaffen innere Balance.
Sie kompensieren Mangel.
(Jung 1997, S. 63)

Träume informieren über Zukünftiges.
(Goethe, in: Jezower 1985, S. 682; Delaney 1996, S. 61)

Träume informieren über Vergangenes.

Träume informieren über Geschehen an anderen Orten und zu anderer Zeit.
Kaiser Karl IV träumte den bevorstehenden Tod eines Verwandten auf dem Schlachtfeld voraus.
(Jezower 1985, S. 76/77)

Träume haben „geistige Ursachen" bzw. göttliche Ursachen.
(Thomas von Aquin in Thomas 1989, S. 59; AT, 4. Moses 12,6)

Träume haben körperliche Ursachen.
(Thomas von Aquin in Thomas 1989, S. 59)

Träume haben „äußere Ursachen."
Atmosphärische (Luftveränderung) und kosmische Faktoren beeinflussen die Träume (Thomas von Aquin in Thomas 1989, S. 59).
Die experimentelle Forschung hat bestätigt, dass der Wassertropfen auf der Haut zur geträumten Flutwelle werden kann
(Ullmann 1994, S. 72)

Träumen heißt, sich einem undefinierten Wissensfeld hingeben.

Träume sind Wegweiser zu einer Wissenschaft der Hingabe.

Träume sind Erinnerungen.
Im Traum ist Descartes „...als ob ich nicht sowohl irgend etwas Neues lernte, als vielmehr mich dessen, was ich schon vorher wusste, erinnerte".
(Descartes 1959, S. 115)

Träumende verbinden sich im Traum mit anderen Träumenden.
(Lawrence 1995, S. 4)

Träume sind Emotionen als Metapher.
Emotionen sind nach den Erkenntnissen der modernen Neurobiologie keine eigenständigen psychologischen Erscheinungen, sondern biologische Funktionen des Nervensystems.
(Joseph Ledoux 1998)

Träume anerkennen heißt, die Macht der Gefühle anerkennen. Empfinden kann Krankheitssymtome hervorrufen, ändern und verschwinden lassen. Bei multiplen Persönlichkeiten ist außerdem nachgewiesen, dass sie je nach Idenfitikation etwa ihre Augenfarbe, Hirnströme, ihr Blutbild und ihren Blutdruck ändern.
(Huber 1995, S. 135ff.)

Träume sind Energie.

Träume strahlen über Generationen.
Über Generationen können Hinweise eines bestimmten Motivs in den Träumen einzelner Familienmitglieder unabhängig voneinander auftauchen, die auf das verschwiegene Erlebnis eines Ahnen hinweisen. (Jezower 1985)

Träumen heißt, die Struktur der Stille erkennen.

Träumen lernen heißt, hochentwickelte Möglichkeiten organischer Kommunikation wiederzuentdecken. Kommunikation mit umfassenden Wissenssphären und mit anderen Personen.

Träumen Autorität zuerkennen heißt, (Selbst-)Heilung ermöglichen. In Epidaurus wurde die Heilmethode der Inkubation bereits seit dem 5. Jahrhundert vor Christus gepflegt. Kranke legten sich in den Heiligtümern des Asklepios in der festen Absicht schlafen, vom Schutzpatron der Ärzte medizinische Anweisungen zur Heilung zu erhalten. Es sind zahlreiche Spontanheilungen nach einem Inkubationstraum überliefert.
(Hermes 1996, S. 163ff)

Träume können Krankheiten ankündigen und damit frühzeitige Interventionen ermöglichen. Bereits Hippokrates und Aristoteles kannten „prodomale Träume", in denen unterschwellige Körperreize und Körperempfindungen verstärkt werden. (McKenzie 1978, S. 28)

Träume sind eine der letzten Räume ekstatischer Erkenntnis

für im wahrsten Sinne des Wortes unerhörte Erfahrungen. Mit der Shoa verschwanden die Riten sinnlich erlebbarer Erfahrung des ostjüdischen Chassidismus. (Langer 1959, S. 20)

Träume erinnern uns an den ungestillten Lebenshunger nach geteilt spürbarem Wissen.

Träume sind die letzte Bastion ungezähmter Fantasie.

Träume sind die Katzen der Nacht, die auf dem Dach tanzen, während der Hund am Bett wacht.

Träume sind eine Herausforderung an das gewöhnliche Denken.

Träume zurückgewinnen heißt, intellektuell-spirituelle Leidenschaft erleben.

Träume zulassen heißt, Fragen zulassen.

Träume eröffnen den Zugang zur geleugneten Hälfte einer verkümmerten Identität.

Träume sind erinnerte Intensität.
„Traumerfahrungen bleiben für immer als elektromagnetisch kodierte Daten bewahrt." (Roberts 1988, S. 200)

Träume integrieren Wirklichkeit, indem sie Mono-Kulturen ausgleichen. Wo nur Männer sind, tauchen Frauen auf, wo nur Weiße sind, Schwarze, wo nur Reiche, Arme.

Träume erfinden die Welt neu.
Einstein verdankt den entscheidenden Kick zur Formulierung der Relativitätstheorie einem Traum. (Lawrence 1998, S. 182)

Träumen heißt lernen nach neuen Maßstäben.
„Über Träume muss man umlernen."
(Nietzsche, in: Jezower 1985, S. 660)

Träume halten „unsere Fähigkeiten zu erstaunen wach, indem sie uns vertraute Dinge von uns nicht vertrauten Seiten zeigen".
(Russel über die Philosophie, in: Petzold 1998, S. 161)

Träume wirken befreiend.
Die Begrenzungen des Alltags spielen im Traum keine Rolle.

Träume gehorchen dem Diktat der Zuschreibung.
Rabbi Jehosua erklärte gegenüber Kaiser Hadrian, dieser werde im Traum von den Persern in die Sklaverei geführt. Genau das träumte Hadrian dann auch.
(Talmud, Berakot 56a)

Träume wirken identitätsstiftend.
(Petzold 1977)

Träume deuten lernen heißt, sich auf die Deutung
komplexer Wirklichkeit einlassen.
Diese Zeit braucht vor allem Symbolanalysten. (Gloger 1998)

Träume wirken inspirierend.
Albrecht Dürer malte die geträumte Sintflut. (Jezower 1985, S. 81)

Träumen heißt, von ökonomischen, Denk- und Verhaltenszwängen frei zu sein, so anarchisch kreativ.

Sich bewusst auf das Träumen einzulassen bedeutet, Träume als gesellschaftlich relevante Entwicklungsressource zu etablieren. Das tun heißt, Abschied nehmen von einer uns nur halb-bewussten Welt/Wirklichkeit.

Träume sind der Königsweg zum Unbewussten (Freud 1977).

Träume sind der Königsweg zur Integration (Perls 1969).

Träume sind das Tor zur Aktivierung ungenutzter Potenziale. (Morrien 1999).

3.4 Konzept des Unbewussten

Das Bewusstsein ist eine Insel im Ozean der Träume. Ihre bewegenden Geschichten stehen an der Oberfläche geschrieben. Genährt von dem Stoff unendlicher Weite, der sie trägt.

Das Unbewusste überwiegt das Bewusste um ein vielfaches. Was uns umgibt nehmen wir nur zu einem Bruchteil bewusst wahr. Der weitaus überwiegende Teil aller von uns aufgenommenen Informationen bleibt unbewusst (siehe Abb. 1).

Das Unbewusste ist das letzte bis heute praktisch unbekannte und ungenutzte Wissensreservoir der Menschheit. Dabei enthält das Unbewusste „einen enormen Beitrag kondensierten Materials aus allen unseren Erfahrungen, die außerhalb des Sichtfeldes unseres Bewusstseins liegen" (Ullmann, S. 9).

Das Unbewusste ist so real wie der Raum, aus dem wir zu 99% geschaffen sind (Zahlenangabe nach Wheatley 1997, S. 3). Handys nutzen den „akustischen Raum" drahtloser Wellen und zeigen damit die Wirksamkeit „eines Raumes, in dem Wellen Gedanken und Stimmen transportieren, eine zusätzliche Dimension zur „optischen Dimension" des Industriezeitalters, das durch das funktioniert, was es sieht" (Lawrence 1998, S 170/71).

Das Unbewusste ignorieren heißt, auf einem Ast zu sitzen und zu behaupten, das sei der ganze Baum. Das Unbewusste vergessen heißt, sich beim Menü mit der Vorspeise zu begnügen und über bleibenden Hunger zu jammern. Das Unbewusste nicht beachten heißt, auf einem Schatz zu sitzen und über Armut zu klagen.

Das Unbewusste beachten hiesse, Lösungsideen zu wollen, die man unbedingt zunächst abwehren müsste, weil sie zu ungewohnt sind. Das Unbewusste zu würdigen hieße, das Fenster zur Physik der Magie zu öffnen.

Das Unbewusste protegieren hieße, die wagemutige Regie vitaler Träume zu fördern, um endlich „organische Flugarten" zu konzipieren (Morrien 1999).

Dem Unbewussten geht es wie dem Universum, von dem Einstein sagt, es sei „nicht nur eigenartiger als wir annehmen, sondern eigenartiger als wir annehmen können" (Einstein 1998, S. 6).

Das Unbewusste bietet Antworten auf alle unsere Fragen. Mit den Träumen kennen wir den Weg zur Antwort. Durch die Träume lernen wir die Antworten kennen.

> *„Ich beschließe kennenzulernen, was ich noch nicht kenne.*
> *Um sich mir überhaupt verständlich machen zu können,*
> *zeigt sich das Neue in alten Kleidern,*
> *aber paradox kostümiert."*
>
> *(Morrien 1999 / dream knowlege)*

Wir suchen nach Möglichkeiten, das Paradox zu deuten, um es in uns bekannten Begriffen verstehen zu können: „Manche Dinge finden eine Antwort aber keine Erklärung." (siehe Abb. 10) Die Quantentheoretiker haben paradoxe Phänomene auf Quantenebene festgestellt, die sie allerdings nicht erklären können. Elementarteilchen wie Protonen können sich in so kurzer Zeit in verschiedene andere Teilchen umwandeln, dass zwar die Wahrscheinlichkeit ihrer Umwandlung wie auch die Eigenschaften der anderen Teilchen genau berechnet werden kann, die Art der Reaktion jedoch unberechenbar bleibt.

Im übertragenen Sinne sind die Quantenmodelle so angelegt, als ob ich gleichzeitig nach München fliegen und nach Frankfurt fahren könnte.

Das Unbewusste verfügt über den Stoff zu einer Revolutionierung aller Wissenschaften. Aus diesem Wissensreservoir barg Einstein träumend „$e=mc^2$" (Lawrence 1998, S. 181). „Alle grossen Erkenntnisse, alle profunden Weisheiten, alle wesentlichen Lehren, die der Menschheit dienen, wurden von Ebenen der Intuition und der schöpferischen Kraft empfangen" (Griscom 1986, S. 144). Die Voraussetzung für den qualitativ revolutionierenden kreativen Kick ist die Fähigkeit, sich mit der entscheidenden Frage dem Unbewussten anzuvertrauen. Eine Wissenschaft der Hingabe (siehe Abb. 5) gesteht die Existenz unbezwingbarer Wissensressourcen ein und billigt ihnen angemessene Annäherungsformen zu. Immerhin handelt es sich um ein vielversprechendes Unterfangen, denn das Unbewusste birgt das „ungedacht Gewusste" (Bion 1961). Nur eine Wissenschaft der Hingabe kann das Wissen der „terra incognita" (Jung 1997, S. 84), der uns eigenen und doch unbekannten Welt besser erkennen und verstehen helfen.

Die vielen Dimensionen des Unbewussten zeigen sich im Traum.

Und „die Träume sind auf der Suche nach TräumerInnen" (Lawrence 1989, S. 11). Das Unbewusste gibt Träumenden die dort gespeicherte Informationen zu individuellen, sozialen und raum- und zeitübergreifenden Belangen preis (siehe Abb. 8). Die Struktur der Informationen erscheint uns zunächst „chaotisch", aber auch das Chaos ist geordnet, wenn auch unvorhersehbar (siehe Abb. 9).

3.5 Bedeutung der Lebenssituation bzw. des Kontextes

Träume sind Ausdruck der aktuellen, vergangenen oder/und zukünftigen individuellen und sozialen Lebenssituation bzw. des Kontextes.

Dazu zählen alle Lebewesen und Dinge in ihrer fortlaufenden Veränderung.

Nach Freud, Jung, Perls und Petzold berichten Träume im wesentlichen von individuell konflikthaft erlebten aktuellen und vergangenen Lebenssituationen. Jung eröffnet Träumenden mit dem Konzept des „kollektiven Unbewussten" außerdem Zugang zu universalen Themen. Perls und Petzold erkennen über die therapeutische Funktion des Traums hinaus auch dessen kreatives Entwicklungspotenzial. Die Frage nach dem Zeitbegriff im Traum stellt sich Jung persönlich, indem er 1913 wiederholt große Schrecken vorausträumt und das jedoch – bis zum Kriegsausbruch – als mögliche Zeichen einer Psychose deutet (Jung, in: vom Scheidt 1992, S. 162).

Bereits antike Traumforscher wie Artemidor berichten jedoch von der vorausschauenden Fähigkeit der Träume, die sowohl individuelle wie auch soziale und politische Fragen einbezog (Artemidor I,2). Dabei stand die Frage nach der Ursache solcher Träume im Hintergrund. Sie galten als göttlich. Interessanter erschienen dagegen Deutung und Verständnis insbesonderer allegorischer, verschlüsselter Träume.

Als moderne Traumdokumentatorin greift Charlotte Beradt in „Das dritte Reich der Träume" die Frage nach der Ursache vorausschauender Träume wieder auf. Zwar sprechen die Fakten für sich: Die von ihr gesammelten Traumtexte dokumentieren bereits 1933 die Vorwegnahme der Shoa in ihrer ganzen Reichweite. Dennoch liegt es Beradt daran, Träume als sozialwissenschaftliche Kategorie (wieder-) einzuführen: Diese Träume resultieren „direkt aus der politischen Atmosphäre, in der diese Menschen gelebt haben. (...) Es sind beinah bewusste Träume" (Beradt, S. 19). Träume sind natürliche Phänomene: Auch politisch nicht Vorgebildeten gelingt es, „die Wirkung äußeren politischen Geschehens im menschlichen Innern wie ein Seismograph aufzuzeichnen" (ebenda, S. 13). Geträumte Metaphern werden später wahr, „weil unsere Träumer mit durch Angst und Abscheu geschärfter Sensibilität in der Überfülle der Tagesereignisse (...) Symptome wahrnehmen, die kaum wahrnehmbar sind." Beradt spricht von „Beiträgen zur Psychologie der Struktur totaler Herrschaft" (ebenda, S. 20).

Vor diesem Hintergrund begreift Lawrence Träume als Ausdruck der aktuellen sozialen und politischen Lebenssituation. Von Charlotte Beradt wußte Lawrence bereits, „zu welchen inneren Extremen die Einmischung des öffentlichen in den privaten Bereich führen kann" (Beradt, S. 73).

Erstmalig wird mit Beradts Dokumentation Zeitgeschichte in Traumsprache vermittelt. „Inmitten einer schweren Gegenwart werden die großen und kleinen Schwierigkeiten der Zukunft, das Wohin und das Was dann träumend vorweggenommen."(ebenda)

Auch im Arbeitskontext eignen sich Träume als diagnostisches Medium: Träumen sich etwa Beschäftigte in ihrem Arbeitskontext als Kinder, weisen assoziative Deutungen vielfach auf diesen Zusammenhang hin. Die verminderte Verantwortung in der Hierarchie durch ausgeprägte Arbeitsteilung bewirkt deutlich regressive Tendenzen bei den Beschäftigten (Lawrence 1989, S. 77).

Die Quantentheorie unterstützt das raum- und zeitübergreifende Phänomen der Kenntnis von zukünftigen Geschehnissen (Wheatley 1997, S. 3). Darüber hinaus ist davon auszugehen, dass „Träume zeitweilig nicht nur Reaktionen auf vergangene oder zukünftige Ereignisse sind, sondern völlig neue Inhalte vermitteln" (Bro 1989, S. 193).

3.6 Struktur und Sprache des Traums

„Ich beschließe kennenzulernen, was ich noch nicht kenne.
Um sich mir überhaupt verständlich machen zu können,
zeigt sich das Neue in alten Kleidern,
aber paradox kostümiert."

(Morrien 1999 / dream knowlege)

Der Traum ist, was er ist.

Die Sprache des Traums ist eine Sprache des Lebens. Sie artikuliert sich symbolisch, räumlich, emotional und intellektuell. Die Struktur des Traums entspricht der Struktur der Welt.

„Der manifeste Inhalt des Traumes ist der wirkliche Inhalt."
(Boss 1975)
Im Unterschied zu Freud und Perls verstehe ich Träume nicht als pathologische Indizienträger mit verschlüsselter Botschaft. Träume sind Phänomene, die als das genommen werden können, als was sie erscheinen.
Was wir nicht verstehen, deutet auf „eine Lücke in unserem Verständnis der Bildersprache" (Jung 1997, S. 27).

Die Sprache des Traums ist eine Sprache des Lebens

Sie artikuliert sich symbolisch, räumlich, emotional und intellektuell.

Petzold spricht von der „Sprache des Erlebens", die der Funktion der rechten Hirnhemisphäre entspricht, „für die ganzheitliches, symbolisches Denken, räumliche Vorstellung, emotionales Erleben charakteristisch ist" (Petzold 1977, S. 149). Ich spreche im Unterschied dazu von einer Sprache des Lebens, da darüber hinaus im Traum auch intellektuelle Leistungen durchgeführt werden können; Leistungen, die der linken Hirnhemisphäre zugeschrieben werden und kausal, analytisch und sprachlich-begrifflich ausgerichtet sind.

Mit Freud bin ich der Ansicht, dass „die kompliziertesten Denkleistungen ohne Mittun des Bewusstseins möglich sind" (Freud 1977, S. 482).

Wenn es dem Berliner Ägyptologen Brugsch-Pascha träumend gelang Hieroglyphen zu deuten und aufzuschreiben, die ihm wach ein Rätsel blieben, dann ist dies klassischerweise als intellektuelle Leistung zu werten. Zugleich empfindet Brugsch-Pascha in seiner Arbeit „die höchste Lust" und erlebt bei neuen Entdeckungen im Rahmen seiner Übersetzungsarbeit „Zustände höchster Verzückung" (Jezower 1985, S. 327ff./S. 651). Emotionen erscheinen hier als notwendige Stimuli für intellektuelle Brillanz im Traum.

Wenn Kekulé von Stradonitz von einer Schlange träumt, die sich um sich selbst windet und dank dieser Metapher den Benzolring entdeckt, steht an erster Stelle symbolisches Denken (Lawrence 1998, S. 181). Kekulé und Brugsch-Pascha teilen eine starke Begeisterung für ihre wissenschaftliche Arbeit. Emotionen erscheinen als Voraussetzung für intellektuelle Intelligenz.

Auch bei Descartes steht ein „Gefühl der Begeisterung" für die Grundlage einer neuen Wissenschaft am Anfang seiner Karriere (Jezower 1985, S. 479). Die leidenschaftliche Auseinandersetzung mit seinen Träumen führt ihn zu der subjektiven Annahme „Ich denke, also bin ich." Dabei sei dieses Ich von seinem Körper völlig verschieden (Descartes 1991, S. 31). Emotionen und Träume sind zwar die Voraussetzung für seine folgenreiche Erkenntnis, werden jedoch in ihrer intellektuellen Relevanz geleugnet. Die wissenschaftlich beschlossene Trennung von Körper und Geist ist die Folge dieser Ignoranz.

Um Träume verstehen zu können, eignen sich daher in jedem Fall Medien, die kognitive und erlebnisorientierte Aspekte integrieren, die Gefühle und Gedanken, Analyse und Kreativität, Intuition und Rationalität berücksichtigen.

Solche Medien fördern auch DreamGuidance-Prozesse, in denen (Wach-) Träume initiiert werden sollen, die emotionale, symbolische und intellektuelle Kreativität bzw. Intelligenz begünstigen. Es gilt, „die Sprache des Traumes mit der Sprache reflexiver Rationalität zu verbinden, sie einander anzunähern" (Petzold 1977, S. 149). Es bleibt Traumsprache als eine Sprache „geordneter Unordnung" (Beradt, S. 103) verstehen zu lernen.

Die Struktur des Traums entspricht der Struktur der Welt.

„Schöpferische Leistungen sind niemals Setzungen „ex nihilo", sondern sind aus dem Stoff dieser Welt gemacht, ihren Materialien, Formen, Strukturen und Bildern." (Petzold 1977, S. 148) Anhand der mehr als 300 Traumdokumente in „Das dritte Reich der Träume" (Beradt 1966) wird deutlich, dass sich die Struktur der Vernichtung bereits 1933 bei vielen Träumenden übereinstimmend in Symbolen wie „Leere", „Stummheit", „Ausdruckslosigkeit" und „unbewegliche Gesichter" ankündigte. Wo die soziale und politische Struktur in den Träumen der Zeitgenossen ihre Entsprechung findet, gilt dies auch für bisher ungedachte technologische Ideen, die organische Strukturen adaptieren.

In der konkreten Traumarbeit unterscheide ich die Traumstruktur nach ihrer Ganzheit, ihren Teilen und ihrer Atmosphäre (Petzold 1977, S. 156).

3.7 Methoden und Arbeitstechniken

Auf der Prämisse des integrativen Coaching ist DreamGuidance eine Methode zur Entwicklungsförderung von Persönlichkeiten, Organisationen und Produkten durch systematische Aktivierung und Nutzung von Tag/Traum-Potenzialen. Die Dinge wollen beträumt werden, nicht nur bedacht und besprochen! „Durch verworrene und unbestimmte Dinge wird nämlich der Geist zu neuen Erfindungen wach" (Leonardo da Vinci). Die Sprache der Vernunft braucht den geträumten Impuls, um wirklich erfinderisch zu werden.

Mit DreamGuidance unterscheide ich mich in meinem Vorgehen vor allem in der Haltung bzw. der Einstellung gegenüber den Träumen als einer Wissensressource, deren Phänomenanalyse lediglich als Ausgangspunkt für Entwicklungsprozesse verstanden wird, und die darüber hinaus durch aktives Beträumen von Fragestellungen gewinnbringend genutzt werden kann. Diese Haltung ist entscheidend für das Gelingen von DreamGuidance. Der Begriff selbst steht für geführte wie für führende Träume (guided dreams und dreams guiding s.o.), von Fragen geführt und durch Fragen führend. Dabei sehe ich in jeder Traumantwort zunächst die symbolisch gestellte Frage, die erst begriffen, also in Begriffe gefasst werden muss. In meinen Coachingprozessen findet folgerichtig eine systematische Aufwertung des Nicht-Wissens im Sinne des nicht mehr bzw. des noch nicht Gewussten statt. Fragen nach dem Woher und Wohin, dem Wozu und Wie schaffen den Auftakt zu jeder großartigen Bewegung des Denkens, Fühlens, Träumens und Handelns.

Mich interessieren also die Fragen als Anfang jeder Dynamik, die auf Verstehen und Veränderung zielt. Für DreamGuidance setze ich die Fragen daher zentral, besonders wenn sie intelligent gestellt sind und das Potenzial der Träume umfassend herausfordern, nur um in der symbolischen Antwort wiederum (rationale, intuitiv-nonlineare, emotionale...) Intelligenz zu fordern, die Verstehen erst ermöglicht. Fragen führen nach DreamGuidance in jedem Fall zu einer Antwort im Tag/Traum, die wiederum im Sinne der Ausgangsfrage weiterführt (siehe im Folgenden, die von der Autorin entwickelte SPINNEN-SYNTAX).

Träume können nicht nur geführt, sie können auch aktiv erwartet werden. Von Rabbi Jose erzählt der Talmud, er habe achtzig Tage gefastet, um einen von ihm sehr verehrten Rabbi-Vorfahren im Traum zu sehen und es sei ihm gelungen (Jezower 1985, S. 447). DreamGuidance steht für eine konsequente Haltung zweifelsfreier Zuschreibung von Kompetenzen an die Kapazitäten des Traums als komplexer Wissensressource.

Was ich erwarte, das zeigt sich mir. Die Quantenphysik begründet diese Gewissheit mit Beobachtungen, wonach sich Materie je nach Einstellung der Untersuchenden als Welle oder Teilchen zeigt (Wheatley, S. 3). Grundlegend ist dabei außerdem das talmudische Wissen von der Beeinflussbarkeit der Träume (Berachot 56a bzw. siehe auch 2.2), das auch aus der therapeutischen Arbeit bekannt ist, „wonach der Interventionsstil des Therapeuten das Traumgeschehen seines Klienten beeinflusst" (Petzold 1977, S. 170).

Als integratives Coaching berücksichtigt DreamGuidance die Arbeitstechniken und Medien unterschiedlicher Verfahren wie etwa Psychodrama, Gestalttherapie oder Psychoanalyse bedarfs- und prozessorientiert. Dabei werden verschiedene Kriterien berücksichtigt wie etwa das Setting (Einzel-, Team- oder Gruppencoaching), die Zielsetzung, die Aufgaben-/ Themen- bzw. Problemstellung, die Gegebenheiten des Ortes, die Gruppengröße, die Dauer, das Geschlecht, das Alter, die körperliche Verfassung, der kulturelle Hintergrund der Beteiligten. Alle diese Faktoren bestimmen über Auswahl und Art des Mediums.

Methodische Orientierung

> *„Welchem Geschäfte man nun im Geist am eifrigsten obliegt, oder wobei sich das Gemüt am meisten verweilt hat, sich der Verstand darauf mit strengerem Fleisse verwendet, ebendasselbe kommt gewöhnlich uns wieder im Traum vor."*
>
> *(Lukrez)*

Träumen heißt, sich und die Welt neu erfinden

an allen ästen
des alten baums
sich einmal baumeln
und fallen lassen
spinnenleicht

den netzen trauen,
in denen sich alles wiegt.

DreamGuidance und die Spinnen-Syntax

Um das implizite Wissen der Träume, das „ungedacht Gewusste" (Bion 1961) oder „vorbegriffliche Traumwissen" (Morrien 2000) systematisch entdeckbar, nutz- und weiterentwickelbar zu machen, habe ich die Spinnen-Syntax entwickelt. Diese fördert die konsequente Orientierung an einem Ausgleich von Fülle und Leere, Anregung und Entspannung, Absicht und Hingabe als Grundlage allen Gelingens.

Die SPINNEN-SYNTAX weiß, das sich der gesättigte Geist blindstellen muss, um neu-sehen zu lernen. Intuitiv haben sich ForscherInnen, KünstlerInnen, UnternehmerInnen seit jeher danach verhalten. „Viele große Entdeckungen und Erfindungen dürften weniger einem Traum zu verdanken sein, sondern einer geistigen Entspannung, in der das Hintergrundgeschwätz hörbar wurde." (Faraday 1972, S. 76)

Die Spinnen-Syntax – Ein Zyklus in acht Schritten.

1. Am Anfang steht die Frage als erste Orientierung in der Mitte eines noch unsichtbaren Netzes inmitten noch unsichtbarer Netzwelten.

2. Durch gründliche Recherche und vielseitigem Austausch zu dieser Frage werden erste tragfähige Fäden gewebt.

3. Überprüfen der Ausgangsfrage vor dem Hintergrund neuer Wissens-Vernetzungen, um sie ggf. neu zu formulieren.

4. In der Mitte des Netzes innehalten und die Frage beträumen, wobei die Position einer inneren Ex-Zentrizität eingenommen wird, die neue Perspektiven eröffnet.

5. Die ins Netz gegangenen Träume komplex auswerten, d.h. bedarfs- und prozessorientiert systematische Reflexion mit erlebnisorientierter Aktion verbinden.

6. Die Ergebnisse in das Netz einweben bzw. integrieren.

7. Das Netz (zeitweilig) verlassen und Holzhacken oder Kuchenbacken als notwendige, die Sinne re-vitalisierende „Abwechslung für die Aufmerksamkeit" (Arthur Koestler 1989).

8. Sich wieder im Netz einfinden und aus der ersten Antwort eine neue Frage für den nächsten Schritt entwickeln.

Dieser Zyklus kann im Coaching ein- oder auch mehrmals durchlaufen werden bis akzeptable Ergebnisse entwickelt worden sind. Das gilt für Einzel- ebenso wie für Team- oder Gruppenprozesse, wobei das Bewusstseins- und Wissensniveau im Sinne einer „hermeneutischen Spirale" durch Wahrnehmen, Erfassen, Verstehen und Erklären immer neuer Phänomene mit jedem Schritt wächst (Petzold 1989, S. 96). Dabei können so unterschiedliche Themen wie die Entwicklung einer persönlichen Vision, die Folgen einer Firmenfusion für die Führungskräfte der beteiligten Unternehmen, das

Design für ein neues Marketingkonzept oder aber auch eine neue Produktidee im technologischen Bereich bearbeitet werden.

Während der Syntax-Schritte spielen unterschiedliche Erlebnisebenen eine Rolle. Petzold unterscheidet *vier* Ebenen:

Die *Ebene des Realen* meint die aktuell gegebene Wirklichkeit etwa im Coaching-Setting. Imaginäres Erleben umfasst gedankliche Wirklichkeiten, wie sie etwa im Gespräch entwickelt werden.

Die *Ebene der Repräsentation* bzw. Gegenwärtigsetzung steht für intensives Erleben im Traum oder auch für intensive erlebnisorientierte Prozesse, so dass diese als Realität erlebt werden.

Auf der *Ebene des Symbolischen* kommen über die rationale Sprache hinausgehende Wirklichkeiten zum Tragen (Petzold 1977, S. 155).

Im Coachingprozess wird dieses Erleben auf unterschiedlichen Ebenen bearbeitet, die sich nach dem Grad der Involvierung unterscheiden. In Anlehnung an Petzold unterscheide ich zwischen *drei* Ebenen:

Die *Ebene der Reflexion* meint kognitive Prozesse, Gespräche auf rationaler Ebene, Träume können hier besprochen werden.

Die *Ebene der Vorstellung* und Affekte umfasst bildhaftes und emotionsbetontes Erleben, das mit dem Traum verwandt, aber nicht mit ihm gleich ist. Das Bewusstsein weiß um den imaginären Charakter des Erlebten.

Auf der *Ebene der Involvierung* tritt die rationale Kontrolle weitgehend in den Hintergrund und es entsteht die „Dichte einer Wirklichkeit (...), die der Lebenswirklichkeit nicht nachsteht" (Petzold 1977, S. 155).

Anders als im therapeutischen Prozess wird im Coaching nicht auf der (vierten) Ebene der autonomen Körperreaktionen gearbeitet. Es handelt sich dabei um Reaktionen, die nicht mehr rational gesteuert sind, wenn etwa ein frühkindlicher Traumhintergrund angesprochen wird.

Die Auswertung der Träume (siehe Punkt 5 der Spinnen-Syntax) verläuft modellhaft in vier Phasen. Petzold bietet hier den „tetradischen Prozess" an, der mit der *Initialphase* beginnt. Hier findet die Einstimmung auf den Traum bzw. die Diagnostik statt.

In der *Aktionsphase* ist das Erleben gegenwärtig und die rationale Kontrolle weitestgehend zurückgetreten. Hier können „emotionales Erleben, körperliche Erfahrung und rationale Einsicht zu Erlebnissen von ‚vitaler Evidenz' verbunden werden" (ebenda). In der *Integrationsphase* werden vorangegangene Erfahrungen aufgenommen und mit Blick auf die aktuelle Lebens- bzw. Unternehmensituation überdacht. Die *Neuorientierung* ist der Raum, wo neue Handlungsperspektiven entwickelt werden, die das neue Wissen berücksichtigen (ebenda).

DreamGuidance und die Methoden, Arbeitstechniken und Medien des integrativen Coaching

Dialoge – Sprache und Stimme

DreamGuidance lädt die Träumenden ein, den „inneren Dialog" (Jung 1997) zu wagen, d.h. sich mit ihren Traumfiguren zu unterhalten. Mehr noch können sich diese auf den „heißen Stuhl" (Perls 1969) setzen, um sich darauf mit ihren Fragen und Ideen öffentlich einzubringen, oder sie wählen den „leeren Stuhl" . Dieser kann mit Traum-Personen oder Gefühlen besetzt und angesprochen werden oder aber Träume werden zur Traum-Person und sprechen aus deren Perspektive. Darüber hinaus greift DreamGuidance auf Petzold zurück, der Perls Identifikations- und Dialogtechnik noch weiter ausdifferenziert hat. Hier sprechen oder identifizieren sich Träumende etwa mit ihrem Traum als Ganzem. Es finden Dialoge zwischen einzelnen Traum-Elementen, Traum-Sequenzen oder zwischen einzelnen Träumen statt (Petzold 1977, S. 162/63).

In der psychodramatischen Ausrichtung nach Moreno treten die ProtagonistInnen bzw. Traum-RegisseurInnen dabei auch selbst als AkteurInnen auf. In Anlehnung an das Playback-Theater von Jonathan Fox beschränken sich die Träumenden auf die Regie und lassen die anderen TeilnehmerInnen quasi als SchauspielerInnen für sich agieren (Thorau 1995).

Alle diese Konstellationen machen den Traum zum Erlebnis bzw. zum sozialen Ereignis. Hier kann das Unerhörte Platz nehmen, um sich im Labyrinth bisher ungestellter Fragen und Möglichkeiten zurechtzufinden. Hier können persönlichkeitsrelevante Zukunftsentwürfe aufgeworfen oder wie in der Traum-Matrix von Lawrence „Träume des Unternehmens eingefangen werden, die jede Nacht von Mitgliedern über ihre Institution geträumt werden und die das Unbewusste und Bewusste institutioneller Dynamiken beleuchten können, wenn sie ausgesprochen werden" (Morgan 1998, S. 69).

Im Unterschied zur Matrix, die mit Assoziation (Freud) und Amplifikation (Jung) arbeitet, ist DreamGuidance ganzheitlich ausgerichtet und integriert auch kreative Medien.

DreamGuidance unterstützt die Entwicklung innovativer Konzepte, die bestehende Lösungsansätze konsequent in Frage stellen. So können etwa Entwicklungsteams im Marketing oder in anderen Bereichen dahingehend gecoacht werden, für eine mögliche künftige Kundenwelt neue Problemlösungen zu generieren, an die der Kunde noch nicht zu denken vermag (siehe Fallbeispiel 4.2). „Entscheidend für die Durchschlagkraft jedes Konzeptteams ist das Arbeiten in einer eigenverantwortlichen, autonomen Struktur, die trotz der strategischen Bedeutung der Aufgabe frei von Einflussnahmen durch das Management ist." (Bullinger et.al. 1995, S. 15) Um kreativ sein zu können, „muss sich die Person sicher und unbedroht fühlen" (Johansson 1997, S. 38).

Nur dann kann ein Klima entstehen, in dem Entwicklungsprozesse durch unbefangenes Feedback gefördert werden können (Doppler 1995). Personen, Organisationen und Produkte profitieren von einer solchen, gegenseitige Wertschätzung achtenden Kommunikationskultur mit Sinn für die Kraft des Unausgesprochenen und noch Unausgegorenen.

DreamGuidance macht die Bühne frei für Szenen aus den Zwischenräumen, wo zwischen offener Frage und möglicher Antwort die Spannung der Ungewissheiten zuhause ist und sich in kreativem Ausdruck lösen will. Die dort erprobten Episoden konterkarieren das „kognitive Klima" mit seiner „digitalen Logik" (Katz-Bernstein 1991, S. 893) und katapultieren uns in Wirr-Warr-Welten, deren geniale Syntax der Grammatik der Gefühle folgt. „Das Erwachen (...) wuchs wie das Rot des neuen Morgens aus Kälte und Hunger. Das Schlüsselwort war Enthusiasmus" (von Staden 1993, S. 26).

Imagination

DreamGuidance arbeitet mit Nacht- und Tagträumen, da die Kontrolle des Wachbewusstseins in beiden Zuständen zurücktritt. Auch in Tagträumen „kann bei entsprechender Einstimmung und Tiefung das Erleben so intensiv werden, dass es durchaus als Realität erlebt wird" (Petzold 1977, S. 164). In solchen Realitäten halten wir uns an langweiligen Tagen immerhin zu 40% unserer Zeit auf (Wolf 1997). DreamGuidance zielt darauf, auch diese Ressource für kreative Prozesse zu nutzen, denn „eine starke Einbildung bringt das Ereignis hervor" (Montaigne 1990). Tag/Träume können etwa durch erweiterte Assoziation im Sinne gezielter Fantasiebildung mit „Bilde eine Fantasie zu..." (Petzold 1977, S. 163) bearbeitet werden, wodurch bildhaftes und emotionsbetontes Erleben angeregt wird.

DreamGuidance nutzt weitergehend die Möglichkeit „induzierter Wachträume" (Petzold 1977, S. 165), die ähnlich wie das Katathyme Bildererleben (Leuner 1980) eingeleitet werden. Über das Visuelle hinaus berücksichtigt DreamGuidance jedoch die Komplexität sinnlichen Erlebens, indem etwa auch träumend realisierte Düfte, Geräusche bzw. Klänge oder Geschmackserfahrungen einbezogen werden. Im komplexen katathymen Erleben (Katz-Bernstein 1991, S. 907) verwirklicht sich die innere Bühne mit ihren Geschichten, Ideen und ihrem Klamauk. Diese werden im integrativen Coaching mit dramatischen und kreativ-aktionalen Methoden verbunden (Petzold 1972).

Kreative Körper

Imaginäre bzw. Traum-Szenen können etwa durch Gesang, Theater, Tanz und Pantomime direkt zum Ausdruck gebracht werden. DreamGuidance stellt damit Foren bereit, in denen die spannungsreiche Zeit zwischen einer Ausgangsfrage und der noch zu artikulierenden Antwort als kreative „Illusionsbereiche" (Winnicott 1993) gestaltet werden kann.

Dieser aktionsbezogene Ansatz setzt durch neue Gefühle auch neue Gedanken und Ideen frei, sei es bei den AkteurInnen selbst oder bei zuschauenden TeilnehmerInnen. DreamGuidance folgt in seiner Dynamik des Lernens mit spielfreudigen Ansätzen der Dynamik der Träume, denn „der Traum folgt den Regeln des Spiels" (Iljine 1991, S. 199).

DreamGuidance begünstigt einen Ort des Lachens, der die „starke Verbindung zwischen Humor und Fruchtbarkeit, Vitalität und Gemeinschaft" gezielt für kreative Entwicklungsprozesse nutzt (Palmer 1994, S. 198ff.). An diesem Ort können Ängste zur Ruhe kommen, spontaneitätshemmende Blockaden sich lösen und gruppenstärkende Impulse aufgebaut werden. DreamGuidance handelt nach der Gewissheit, dass wirklich Neues nur spielerisch entwickelt werden kann. Silicon Valley ist ein Ort, an dem „mit neuen Ideen gespielt wird – und das im besten Sinne des Wortes" (Peters 1998). Dem Wissen tanzend folgen heißt, dem „verkörperten Wissen" folgen (Petzold 1998). Jede Traumerfahrung wird zellular kodiert und ist potenzielle Ideenlieferantin für wissenshungrige SpielerInnen mit dem Willen zur Weiterentwicklung.

Audiovisuelle Medien

DreamGuidance integriert sowohl klassisch kreative Medien wie auch elektronische Medien. DreamWriting adaptiert Erfahrungen des Creative Writings, das an vielen US-Universitäten inzwischen zum klassischen Curriculum zählt. Dort habe ich den Ansatz kennengelernt und nach meinem Studium später selbst als Dozentin über Jahre freie Seminare dazu angeboten und durchgeführt. Beim DreamWriting können Traum-Motive den Ausgangspunkt für imaginäre geschriebene Fortsetzungen bilden, die individuell entwickelt, in der Gruppe besprochen werden. Der so vernetzte Stoff kann als Plattform für neue Tag/Träume genutzt werden, so dass eine Aufgabe bzw. ein Thema auf verschiedenen Ebenen bearbeitet wird: kognitiv, emotional und auf der Ebene von Involvierung, wo die Kontrolle weitestgehend zurücktritt.

Ein DreamGuidance-Forum dieser Art kann beispielsweise auch als Online-Forum gestaltet werden, an dem sich TeilnehmerInnen aus unterschiedlichen Bereichen bzw. Ländern miteinander zu einem Thema austauschen. Lawrence und seine Kollegen haben 1999 mit Interessierten aus aller Welt erfolgreich eine erste Online-Matrix durchgeführt. Darüber hinaus kann ein solches Forum als DreamGuidance-Intranetangebot etwa in Konzernen installiert werden, wo themenbezogen Fragen beträumt, besprochen und bedacht werden.

DreamGuidance hält jedoch das radikale Potenzial, das Prozesse unmittelbar geteilter sinnlicher Erfahrung bereithalten für eine unersetzliche Entwicklungsquelle kreativer Impulse, Ideen oder Strategien. Radikale Veränderungen brauchen radikale Besinnung (siehe Abb. 3) und die lebt von der Integration aller Sinne und gewinnt durch deren unvermittelt erlebbare Mit-Teilung. Die Möglichkeit unmittelbaren sozialen Erlebens bewirkt eine besondere Qualität von Wirkung, die online in dieser Form weder entstehen noch adäquat vermittelt werden kann. Es fehlt die Faszination des unmittelbar „riechbaren" Augenblicks. Eröffnet wird damit jedoch möglicherweise längerfristig ein Forum der Sehnsucht genau danach, das wiederum neue Gefühls- und Gedankenqualitäten schaffen kann. Angesichts multimedialer

Vernetzung schließen sich Film, moderne Fotografie und Video hier nahtlos an. Das beschriebene oder künstlerisch gestaltete Bild vom Tag/Traum und seinen AkteurInnen ist als Ab-Bild technisch sofort verfügbar und veränderbar. Allerdings unter Verzicht der Aura. „Denn die Aura ist an ein Hier und Jetzt gebunden. Es gibt kein Abbild von ihr" (Benjamin 1994, S. 25).

Zeitgleich zum Gruppengeschehen taucht das Abbild mit einer Illusion von Aura im gleichen Raum oder global versetzt auf. Denkbar sind hier Modelle, wo etwa verschiedene Gruppen beispielsweise zeitlich parallel eine Aufgabenstellung beträumen und die Ergebnisse eines ersten Bearbeitungs-Zyklus auf einer gemeinsamen Plattform geparkt werden. Alle GruppenteilnehmerInnen können ihre Anregungen und Kommentare abgeben, bevor die nächste Runde beginnt.

Im Sinne vernetzender Spinnen-Philosphie kann hier interdisziplinäre, internationale und interkulturelle Kommunikation und Entwicklung stattfinden.

Mit DreamGuidance integriere ich im unmittelbaren Einzel- oder Gruppencoaching Medien wie Ton, Zeichnen, Malen, Instrumente, Handpuppen oder auch Masken. Außerdem arbeitet DreamGuidance mit Neo-Medien wie etwa Überraschungseiern, die imaginäre Prozesse freisetzen und als Grundlage für kreative Mitteilungen dienen können.

Ein Traum wird beispielsweise allein oder gemeinsam gemalt und das Bild „in Prozessen intersubjektiver Korrespondenz" gedeutet (Petzold 1978) bzw. eine neue Frage entwickelt, die sich als Plattform für die nächste Tag/Traumkreation erweist und damit einen neuen Zyklus der Spinnen-Syntax einläutet.

Systematische Gesamtüberschau ermöglicht DreamGuidance unter Rückgriff auf Szenariotechniken wie etwa die Panoramatechnik (Petzold 1998, S. 308) des integrativen Coaching. Hier können gezielt auch nicht formalisierte Symbole verwendet werden, d.h. „spontane Symbolisierungen" (Petzold, Orth 1993a, S. 154). Die TeilnehmerInnen eines Teams können beispielsweise für sie entscheidende Tag/Träume zu ihrer (weiteren) beruflichen Entwicklung festhalten und diese miteinander verschränken. Im Diskurs ergeben sich vielfach neue Einsichten in die Dynamik der Möglichkeiten und Grenzen von MitarbeiterIn und Unternehmen.

3.8 Die Rolle Außenstehender in der Traumarbeit

DreamGuidance geht davon aus, dass Träumende ihre Träume etwa durch Fragen (an)leiten und von ihnen (an)geleitet werden. D.h. Träumende geben ein Thema vor, dem die Träume folgen können, und Träumende folgen ihren Träumen in „wacher" Auseinandersetzung. Die Expertise zum Verständnis des Traum-Materials liegt vor allem bei den Träumenden selbst. Sie sind die Experten für das eigene Traumerleben und dessen Interpretation (Jung 1996, S. 23).

Darüber hinaus profitieren Träume von „Korrespondenz als synergetischem Prozess" (Petzold 1978, S. 35). DreamGuidance versteht aktive Traumförderung als Beitrag zur Kulturentwicklung, die sich immer in sozialen Prozessen vollzieht. DialogpartnerInnen können einerseits Team- und Gruppenmitglieder sein, andererseits ein professioneller Coach.

Gruppenmitglieder können etwa über Assoziationen zum Traum einer einzelner Person dazu beitragen, dass diese sich besser versteht (Lawrence 1995, S. 3). Sie tauchen darüber hinaus als SpielpartnerInnen in szenischen Sequenzen auf oder als Zuschauer einer Sequenz, die Feedback geben können.

Als Coach kläre ich mit den TeilnehmerInnen etwa das Setting sowie die Aufgabenstellung und begleite den Prozess. Ob in Einzel- oder Gruppenkonstellation, ich initiiere und katalysiere Entwicklungen, je nach Indikation durch behutsame oder auch provokative Impulse. Oder ich rege beispielsweise die fachübergreifende Zusammensetzung von Entwicklungsteams an, um interdisziplinäre Mehrperspektivität zu begünstigen.

4. DreamGuidance – Praxis und Perspektiven

Das integrative Coaching mit DreamGuidance ist multifunktional.

In meiner Beratungspraxis haben unterschiedliche Berufsgruppen aus dem Profit- und Nonprofitbereich zu unterschiedlichsten Fragestellungen erfolgreich damit gearbeitet. Ob im Einzelcoaching oder in der Arbeit mit Gruppen oder Teams, Wendepunkte wurden präzisiert, Blockaden aufgelöst oder auch innovative Produktanwendungen oder -ideen entwickelt. Dabei kann DreamGuidance in fortlaufende Coachingprozesse integriert oder aber auch als offenes Angebot mit variierendem Fokus durchgeführt werden.

Im Folgenden stelle ich meine DreamGuidance-Erfahrungen beispielhaft an einem Einzelcoaching-Prozess mit Fokus Persönlichkeitsentwicklung und an einem Kreativitätstraining vor. Im Einzelcoaching begleite ich einen Unternehmensberater in meiner Beratungspraxis auf dessen „Suche nach New York". Das Kreativitätstraining dokumentiere ich als Teil eines Seminars „Design - Neue Medien gestalten" für Multimedia-Producer an der Medienakademie Köln / Bertelsmann Stiftung.

4.1 DreamGuidance im Einzelcoaching

Ein Unternehmensberater auf der Suche nach New York

Der Prozess

Heinrich X. ist ein 43jähriger Unternehmensberater, der seinen beruflichen Schwerpunkt im Jahr vor Beginn unserer Zusammenarbeit nach Abschluss einer analytisch ausgerichteten Coachingfortbildung Richtung Coaching verlagert hat. Er ist verheiratet, Vater von drei kleinen Kindern und zeigt sich offen für erlebnis- und handlungsorientierte Ansätze. Wir verabreden zunächst zehn Sitzungen, in denen die Arbeit mit Tag/Träumen vorgesehen, aber nicht zwingend erforderlich ist.

1. Sitzung – Der Auftakt. Ich beginne die Coachingsequenz mit einer halbtägigen Sitzung, in der ich Heinrich X. zunächst mit dem für ihn neuen DreamGuidance-Konzept bekanntmache. Der gewollten Irritation über soziale und multidimensionale Träume folgt die unwillkürliche Auflösung begrenzter Traumkonzepte, die ihm neue Perspektiven eröffnet. Mediale Übungen etwa mit Knetmasse, Pfeifenputzern und der Panoramatechnik bieten Raum und Möglichkeit für Erkundungen jenseits kognitiver Verengungen. Das Kneten zum Thema persönliche Gesundheitsförderung bereitet ihm Freude und fördert eine „phallische Vulva" zutage, die er als „Symbol der eigenen Kompotenz" (Wortneuschöpfung des Klienten aus Kompetenz und Potenz; Anmerkung der Verfasserin) begreift. Die folgenden kreativen Übungen involvieren ihn weiter in die Fragen nach den ihn leitenden bewussten Interessen, nach unbewussten bzw. „ungedacht-gewussten" Neigungen (Bion 1961) und seiner zentralen Zielsetzung. In einer Phase starker atmosphärischer Verdichtung taucht erstmalig New York als angenommener Erfüllungsort seiner Träume auf. Die erfolgreichen Umsetzungsstrategien auf dem Weg dahin ergeben sich aus einer imaginären Rückschau des inzwischen 85jährigen Heinrich X., der auf ein erfolgreiches und ihn erfüllendes Berufslebens als Coach von Führungspersönlichkeiten der Industrie zurückblicken kann. Am Ende dieser ersten halbtägigen Sitzung fühlt sich mein Klient „einfach gelöst".

2. Sitzung – Die Heilung. Die zweite Sitzung ist ganz von einer körperlichen Einschränkung dominiert. Mein Klient spricht von starken Hämmorrhoiden. Assoziative Ausflüge führen uns schnell zum „Schiss" als Ausdruck einer Angst davor, eine von ihm als Coach betreute Managergruppe stärker zur Eigenarbeit anzuleiten, statt für sie zu arbeiten. Im Gespräch erweist sich diese somatische Reaktion als ein in der Herkunftsfamilie erlerntes Muster. Von der daraufhin von mir angekündigten und angeleiteten Tag/Traum-Übung erhofft er sich „die Auflösung des Steins, des Schmerzes". Heinrich X. findet sich in dieser Übung mental an einem sicheren Ort wieder, wo die stärkende Energie ungebrochenen Selbst-Vertrauens den ganzen Körper erfasst, um sich dann ganz auf den schmerzenden Anus zu konzentrieren. Im Verlaufe dieser Übung entsteht ein Klima zweifelloser Gewissheit von deren Wirksamkeit. In der Reflexion berichtet der Klient von dem in Heilsalbe verwandelten Stein, mit der er seinen schmerzenden Anus behandelt habe. In der darauffolgenden Sitzung teilt Heinrich X. mit, die Hämmorrhoiden hätten sich vollständig zurückgebildet.

3. Sitzung – Loslassen. In der dritten Sitzung zeichnet Heinrich X. ein Selbstportrait und erkennt darin sein neues Selbstbild. Er sieht sich als Berater und Coach, dem Bewunderung und Demut gleichermaßen vertraut sind. Zwischen ihm und diesem Bild steht jedoch der (tote) Vater als Hindernis. In einer Dialog- und Identifikationsübung mit dem leeren Stuhl begegnet Heinrich X. seinem Vater neu, der über sein eigenes gescheitertes Leben weint und nun seinem Sohn Anerkennung und Bewunderung zollt. Durch diesen – quasi von außen bewirkten – Akt verstärkter Selbst-Achtung bricht ein alter Schwächungsmechanismus zusammen.

4. Sitzung – Der kleine Prinz ist groß geworden. In der vierten Sitzung treten sich erneut zwei Antipoden gegenüber. In einer kreativen Übung entsteht ein buntes Vogelmotiv, das in seinen Augen einen reichen Scheichenprinzen verkörpert, der Sonne, Wärme und Hoffnung verschenken kann. Ihm gegenüber malt Heinrich X. einen schwarzen Dämon, der seinen Vater geplagt habe und auch ihn selbst plage. Im Austausch zu den Sinnbildern verinnerlichter stärkender und schwächender Aspekte, beschließt

Heinrich X. das Bild des Dämon zu vernichten. Der Weg zur Realisierung des Prinzen-Motivs ist damit für ihn spürbar freigemacht.

5. Sitzung – Ein Vogel hat Hochzeit gefeiert mit sich selbst. Mit diesen Worten beschließt Heinrich X. die fünfte Sitzung. In der Hoch-Zeit der Coaching-Reihe findet eine Vermählung der besonderen Art statt. Heinrich X. war mit einem Traum in diese Sitzung gekommen, in dem eine Vogelfrau und ein Vogelmann wunderbar miteinander im Duett sangen. Die Vogelfrau leitete dabei an und der Vogelmann stimmte ein. Sobald aber der Vogelmann alleine singen wollte oder sollte, begann er jämmerlich zu krächzen. Heinrich X. sah sich durch den Traum ermutigt, in seiner Beratungs- und Coachingtätigkeit noch stärker als bisher auf seine innere Vogelfrau, die Intuition, zu vertrauen. Von ihrer erfolgreichen Präsenz hänge ja offenbar auch der Erfolg des Vogelmannes ab, der in seinen Augen die Ratio verkörperte, so Heinrich X. Im gleichen Traum war er zudem von führenden Politikern eingeladen worden, an der politischen Macht als Funktionsträger teilzuhaben. Obgleich geschmeichelt hatte Heinrich X. dieses Angebot zurückgewiesen, jedoch ein anderes eröffnet und sich als externer Berater zur Verfügung gestellt. Heinrich X. zeigte sich in der Reflexion durch diese Wendung im Traum darin ermutigt, seine Unabhängigkeit als Berater und Coach weiterzuverfolgen und möglicherweise auch auf das politische Spektrum auszuweiten.

6. Sitzung – Seelische Erschöpfung zulassen. In der sechsten Sitzung stand die eigene Vaterrolle im Vordergrund. Grundsätzlich fühlt sich Heinrich X. als Vater gleichermaßen gefordert und gefördert. Mit seiner Frau hat er sich auf die klassische Aufgabenteilung geeinigt. Dennoch steht auch er nachts auf und „stillt" die Kinder und bleibt bewusst einen Vormittag der Woche zu Hause. Da er phasenweise kaum eine Nacht durchschläft, zehren gerade die vielfach langen Beratertage stark an ihm. Auf die Frage, was ihm helfen könne, sich in dieser Phase zu regenerieren, entwickelt er im Laufe der Sitzung die Idee, ein großes Bild malen zu wollen. Damit möchte Heinrich X. an eine sehr kreative und glückliche Phase in seinem Leben anknüpfen, in der er viel gemalt hat. Inhalt und Gestaltung dazu will er beträumen.

7. Sitzung – Aufsteigende Spirale. In diese Sitzung bringt er das Empfinden mit, in der Nacht zuvor geträumt zu haben, ohne sich allerdings an Einzelheiten erinnern zu können. Über das Gefühl der Freiheit, selbstbestimmt zu leben und zu arbeiten, identifiziert Heinrich X. seinen letzten Traum als New York-Traum. Im gleichen Moment weiß er, „dass mir New York geschenkt wird." Aus diesem Gefühl heraus knetet er einen Hahn, den er als Symbol für Lebensnähe, -verbundenheit und Macht versteht. Aber auch als Ausdruck seiner eigenen Lebensflamme und einer Vorliebe für den Charme des Straßenlebens, das er mit New York verbindet. In der Reflexion führt die Straße zurück in eine als verloren erlebte Kindheit. New York steht für den Wunsch, privilegiert sein zu wollen und das heißt für ihn aus der Sicht des damaligen Kindes, Teil einer „ganz normalen Familie."

8. Sitzung – Lust auf Erfolg. Diese Sitzung eröffnet Heinrich X. zunächst die Zeit für ein Jahres-Resümee, in dem er von seinen guten Erfahrungen im Coaching mit Managern spricht. Wir reflektieren die Ursachen des bisherigen Erfolgs und finden und eruieren neue potenzielle Wachstumsbereiche. Heinrich X. thematisiert den Wunsch, einen eigenen Beratungsansatz entwickeln zu wollen. Ich überreiche ihm ein Überraschungsei mit dem Hinweis, darin befinde sich das neue Produkt. Er entdeckt darin ein „Supermobil" und notiert, zeichnet und malt alle Assoziationen dazu auf ein großes Blatt Papier. Begriffe wie Charisma und Souveränität lassen in der folgenden Reflexion das neue Produkt unter einem neuen Licht erscheinen. „Ich bin mein Produkt", erklärt er. Das als entäußertes Produkt gedachte Ziel entpuppt sich als Wunsch nach mehr Persönlichkeitsentwicklung. Mit „Mut zum Ungewöhnlichen bei pragmatischem Bezug" möchte er auf spielerischem Wege mehr Freude am Leben und an der Arbeit entwickeln, mehr „Lust auf Erfolg".

9. Sitzung – Die Richtung klären für einen guten Anfang. Die Erwartungen der Familie an ihn stehen zunächst im Vordergrund. Deren Wunsch nach einem neuen Haus erlebt er im Widerspruch dazu, „die Dinge selbst lieber zu lassen wie sie nun sind." Trotz seiner ökonomisch guten Lage ängstigt ihn eine Veränderung in dieser Richtung auch aus finanziellen Erwägungen. Ein angeleiteter Tag/Traum fördert die Bedingungen zutage, die ihm einen solchen Schritt ermöglichen würden. Heinrich X. sieht sich als erfolgreichen Fischer, der mutig auf die offene See hinausfährt und dort mit spielerischer Leichtigkeit weitere Klienten und Aufträge aus der Industrie ins Netz holt. In der Reflexion zeigt er sich überrascht darüber, den Grund für seinen Widerstand gegenüber dem Wunsch der Familie in finanziellen Ängsten zu finden. Durch diese innere Klärung fühlt er sich erleichtert und „bereit für Glück und Zufall", die ihm erfahrungsgemäß immer dann begegnet seien, wenn er sich seiner Richtung klar gewesen sei.

10. Sitzung – Ferne Welt / So nah. In die letzte Sitzung der ersten vereinbarten Coachingsequenz kommt Heinrich X. urlaubserholt und bringt das frisch fertiggestellte, großformatige Ölbild „New York" und einen „New York-Traum" mit. Das Bild dient uns zunächst als Kulisse für die Inszenierung des Traums. Darin kommt er anlässlich eines Seminars nach New York und findet dort seine neue Aufgabe. Auf drei „leeren Stühlen" nehmen das Seminar, die Aufgabe und New York Platz. Alle drei kommen durch Heinrich X. zu Wort, der sich sukzessive mit jeder Rolle identifiziert. Das Seminar entpuppt sich dabei als „Brücke zur neuen Welt", die Aufgabe als „Leben und Glücklichsein" und New York als das „Tor zur neuen Welt". Im weiteren Verlauf der Sitzung wird die neue Welt konkretisiert als ein Ort, an dem Heinrich X. „frei aufleben" kann, „nicht so perfekt" sein muss, verspielt ist und „das Ende der Scham" feiert. Eine alte Scham, die er als Kind für seine Herkunftsfamilie empfunden hat. Heinricht X. atmet am Ende der Sitzung erleichtert auf über die unverhoffte Entdeckung der „neuen Welt in mir".

Die Bilanz

Im Laufe der Sitzungen tauchen verschiedene Leitthemen auf, die den Prozess maßgeblich prägen. Der Umgang mit Gegensätzen (siehe Abb. 10), die Auflösung von Illusionen, die Entdeckung und Kultivierung von Hingabe als Entwicklungsprinzip (siehe Abb. 5) und die Dynamik der Symbole.

Durchgängig werden alle Themen ganzheitlich betrachtet und entsprechend sowohl kognitive wie auch erlebnis- bzw. handlungsorientierte Beratungsansätze integriert. DreamGuidance arbeitet dabei mehrperspektivisch, indem etwa meine Sicht als Coach, die Sicht des Klienten, die Sicht durch Identifizierung imaginierter Personen, Gegenstände und Atmosphären sowie die scheinbar paradoxe Sicht innerer Exzentrizität des Traums berücksichtigt werden. In einem Prozess „komplexer Wahrnehmung", „atmosphärischen Erfassens" und „szenischen Verstehens" (Petzold 1998, S. 110) findet ganzheitliche Entwicklung statt.

Eine wesentliche Voraussetzung für die Bereitschaft dazu ist Offenheit. Das allzu Vertraute und Gewisse stimmt jedoch tendenziell eher verschlossen, warum DreamGuidance die Irritation zum Prinzip erhoben hat. Am Anfang eines neuen DreamGuidance-Prozesses infomiere ich gerne über mein Traumkonzept, da die Zuschreibung multidimensionalen Wissens zunächst immer verwirrt. Auch Träume irritieren bekannte Erfahrungs- und Wahrnehmungsgefüge und können so Offenheit für neue Zugänge wachrufen. Diese Offenheit für Neues bedingt jedoch zugleich Abschied von Altem, Bekanntem und Vertrautem. Jeder Schritt auf unbekanntes Terrain aber wirkt zunächst verunsichernd oder auch beängstigend. Daher ist die Entdeckung von Neuem immer auch ein psychologischer Vorgang, der für viele Störungen anfällig ist. Das Neue kann verunsichern, weil es mit vertrauten Begriffen vielfach nicht gleich zu verstehen ist. Blockaden und Widerstände tauchen auf, die den Entwicklungsprozess unterbrechen. Das Coaching mit DreamGuidance berücksichtigt diese Dynamik, indem es zugleich Neues provoziert und dessen behutsame Integration bzw. Umsetzung begleitet.

Der Umgang mit Gegensätzen (siehe Abb. 10 und 12) findet sich als Thema im Beratungsprozess von Heinrich X. gleich mehrfach. Ich begreife Divergenz als Potenzialschmiede und in der Coachingreihe mit ihm bietet sich in diesem Sinne reichlich Futter. Es tauchen etwa die als gegensätzlich erlebte Realität von Frau und Mann, Körper und Geist, Rationalität und Intuition, Beruf und Familie, Innen und Außen oder auch von Stolz und Demut auf. Ein Höhepunkt ist sicher in der 5. Sitzung das Traumduett von Vogelfrau und Vogelmann, wo beide miteinander wunderbar singen, er alleine jedoch nur krächzen kann. Was sich als Integrationsthema von männlichen und weiblichen Attributen mit der „phallischen Vulva" bereits in der ersten Sitzung auftat, wird später als Vogelmotiv erneut aufgegriffen. Sinnbildlich geht es Heinrich X. um die Auflösung des Gegensatzes von Rationalität und Emotionalität. Insbesondere über den Vogel-Traum begreift er intuitives Vorgehen als entscheidend für sein erfolgreiches Handeln. Hier gelingt die „intelligente Synthese gedachter Gegensätze" (siehe Abb. 10/ Morrien 1999), der in den darauffolgenden Sitzungen verstärkt die Hinwendung zu konkreten Konzeptionen folgt. Bereits in der folgenden Sitzung beschließt er die neue Richtung in seinem Leben künstlerisch zu einem persönlichen Zukunftsentwurf zu verarbeiten.

Die Synthese gedachter Gegensätze gelingt ihm auch mit dem New York-Traum/Bild, das am Prozessanfang vor allem als „äusseres" Ziel verstanden wird und sich in der letzten Sitzung als Tor zu einer neuen Welt entpuppt, die vor allem durch ihre innere Dimension besticht. Eine Brücke verbindet schließlich in der zweiten Sitzung auch Körper und Geist, wenn tag/träumend aus Stein Heilsalbe wird, die den Schmerz tatsächlich lindert. Ein durchaus logischer Vorgang, der lediglich den angenommenen Gegensatz als Farce entlarvt. Schließlich bestehen wir leiblich zu 99,999 % aus Raum (Wheatley 1997) und Träume greifen auf all das zurück, was dort gespeichert ist. Jeder Gedanke und jedes Gefühl haben eine Wirkung in diesem Raum. Das Verhältnis von Unbewusst zu Bewusst entspricht in diesem Sinne etwa dem Verhältnis von Raum zu Materie. Kein Wunder also: „Das Wunder trägt sich zu im Widerspruch nicht zur Natur, sondern lediglich zu unserer Naturerfahrung" (Augustinus).

Die Auflösung von Illusionen. Manchmal weiß die linke Hand nicht was die rechte tut – oder will. Solche Unbewusstheit bzw. Unklarheit der persönlichen Zielsetzung kann innerlich aufreiben, Gefühle von Zerrrissenheit und Erfahrungen mangelnder Effizienz verursachen, die viel Energie und Zeit kosten.

In der achten Sitzung äußert Heinrich X. den Wunsch nach der Entwicklung eines eigenen Beratungsansatzes. Über eine Imagination kommt er jedoch zu dem Schluss, lieber weiter an seiner Persönlichkeit arbeiten zu wollen als Ausdruck einer Investition in sein eigentliches „Produkt".

Eine ähnlich entlastende Korrektur konnte er mit Blick auf das New York-Thema vornehmen. Mit seiner Familie in New York zu arbeiten ist ein augenblicklich nicht realisierbares Ziel, das in dieser Form kultiviert leicht hätte zum Frustrationsfaktor werden können. Ohnehin erwies sich dieses eindimensionale Verständnis des New York-Themas im Coachingprozess schließlich als Illusion. Damit ist jetzt bisher gebundene Energie freigesetzt, die zur Entwicklung völlig neuer Umsetzungsideen und –strategien des Traum-Motivs führen kann.

Das Prinzip Einstein (siehe Abb. 4). Heinrich X. ist von der Grundausbildung her Betriebswirt. Rationale Kontrollprozesse sind ihm ebenso vertraut wie wichtig. Allerdings hat er sich im Laufe der letzten Jahre stark mit modernen Theorien der Unternehmensführung befasst, die etwa Ergebnisse der Chaosforschung integrieren. Auch dadurch hat er sich von bis dahin rein mechanistisch ausgerichteten Denkmodellen verabschiedet. Phänomene wie beispielsweise akausale Synchronizität „versteht" er zwar nicht, schließt sie jedoch nicht länger als möglich aus. In der siebten Sitzung „weiß" er plötzlich in der Reflexion eines vorangegangenen Traums, „dass mir New York geschenkt" wird. Ein durch den Traum ausgelöstes Gefühl wurde mit Gewissheit gleichgesetzt, womit er sein Vertrauen in die „Vogelfrau" ausdrückt.

Nachdem Heinrich X. zwei Sitzungen später die innere Richtung für sein Handeln geklärt hat, fühlt er sich „bereit für Glück und Zufall". Intuitiv verhält er sich nach dem Prinzip Einstein, der sich gut vorbereitet dem inneren Wissen hingegeben hat und so des Rätsels Lösung fand. Das Prinzip Einstein steht für sich bereitmachen und dann Geschehenlassen, für die Entdeckung der Hingabe als Entwicklungsprinzip.

Die Dynamik der Symbole zeigt sich bei Heinrich X. am Beispiel sich wiederholt auftauchender gefiederter Tiersymbole. Ein „bunter Vogel" taucht in der vierten Sitzung auf, ein Hahn in der siebten Sitzung. Der bunte Vogel steht einem Scheichen-Prinzen Pate, womit Heinrich X. als Traumregisseur kommenden Reichtum auf vielen Ebenen andeutet. Kommenden Reichtum, denn der Prinz muss erst noch König werden, also noch reifen für einen Reichtum, der sich in farbenfrohem Wohlstand zeigt. Der bunte Vogel, sonst eher verlacht und kaum ernstgenommen, erscheint hier kapitalträchtig. Das Selbstbild des kühlen Rechners erfährt eine Korrektur. Der Traum tritt hier auch identitätsbereichernd auf.

Heinrich X. lässt seinen Knet-Hahn der siebten Sitzung zwar nicht krähen, schreibt ihm jedoch Lebensnähe, -verbundenheit und Macht zu, mehr noch, die persönliche Lebensflamme. Über den „stolzen Hahn" (die Verfasserin) erkennt er in der Kränkung einer als beschämend empfundenen Kindheit den Ausgangspunkt für seinen Wunsch nach Privilegien.

4.2 DreamGuidance im Gruppenkontext Nonlineare Dramaturgie für Multimedia-Producer

Der Prozess

„Design – Neue Medien gestalten" lautete das Thema eines einwöchigen Seminars an der Medienakademie der Bertelsmann Stiftung. Multimediale Medien sind non-lineare Medien, deren Gestaltung folglich non-lineares Denken erfordert. Meine Aufgabe bestand in diesem Zusammenhang darin, die teilnehmenden Multimedia-Producer im kreativen Prozess von traditionellen Denk- und Assoziatonsrastern zu befreien.

1. Schritt – Die Begrüßung. Erste Handschläge, freundliches Zunicken, neugieriges bis skeptisches Beäugen: Kreativitätstraining und Designfragen für neue Medien? Wie soll das zusammengehen? Die vorgestellte Agenda verrät zeitliche Dichte und multimediales Vorgehen, das kreative und elekronische Medien integriert.

2. Schritt – Lieblingsname, Traumberuf und Erwartung(en). Alle wählen sich ihren Lieblingsnamen und ihren Traumberuf und stellen sich einander mit roter Clownsnase vor, die ich eingangs verteilt habe. Befreiendes Lachen. Man spielt sich den Ball zu und erzählt von sich unter neuem Namen. Das Kreativitätstraining mit DreamGuidance soll Spaß, Anregungen, Inspiration, Zeit zum Loslassen bringen. Da sind sich Kim, Jim, Joe, Carl, Lara I + Lara II und die anderen einig. Neue Namen wirken wie neue Kleider. Sie verändern Erscheinung und Gefühl. Und den Gefühlen folgen die Gedanken ... auch verändert.

3. Schritt – Mobilisierte Energien. Kneten knackt knorrige Kognitionen. Alle überlassen sich der Führung der Hände unter der Leitfrage: Was mobilisert meine Energien? Die Figuren entstehen schnurbändig, ballbetont und uneindeutig. Fragezeichen auf dem Weg. Sinnstiftende Übungen. Notwendige Irritationen für Kreative.

4. Schritt – DreamGuidance – eine kleine Verwirrung (Impulsreferat). Wir sind, was wir träumen. Wer sich nicht traut, im Chaos nach Antworten zu lauschen, verdient die Antwort nicht. Qualitativ neue Antworten sind Belohnungen für Mut zum Risiko. Ein Streifzug durch die Geschichte zeigt träumende Spinner wie Albert Einstein und John Ford. Der eine ist vom Raum ohne Zeit und der andere von selbstfahrenden Kutschen besessen. Die entscheidende Inspiration zur Formulierung der Relativitätstheorie verdankte Einstein einem Traum. Die neue Medienwelt braucht mehr spinnende VorreiterInnen, weil diese weniger darin gedrillt worden sind, das Gefühl der Gedanken zu verleugnen. Keine neue Idee ohne neues Gefühl. Die nicht geglückte halbseitige Gehirnamputation (Emotionen) ist für SpinnerInnen im Berufsalltag sicher oft karrierehemmend, im entscheidenden Moment aber wirkt sie revolutionär. Der entscheidende Moment ist jetzt.

5. Schritt – Der Knoten. Knoten sind Symbole für spannende Aufgaben. Die Aufgabe genau definieren, den Ort beachten und auch die Beteiligten. Dann den Knoten machen, möglichst präzise. Diese Präzision ermöglicht Orientierung. So wissen die Gefühle, wo sie im Cybernetz der Gedanken suchen müssen. Die vernetzte Datenbankwelt aller menschlichen Gedanken bleibt sinnlos ohne emotional gesteuerte Navigation. Alle präsentieren ihre Knoten mit Namen. Ach wie gut, dass niemand weiß ... Etwas benennen heißt, es verstehen lernen. Was ich verstehe, kann ich auch verändern. Dem Traum trauen. Der Frage ihren Namen geben. Vom Aschenputtel zum Königskind.

6. Schritt – Die Überraschung (Ein angeleiteter Tag/Traum). Am Anfang war das Ei. Und das Ei war rund. Und so ging es immer weiter. Alle halten ihr Überraschungsei und lassen sich tag/träumend aus dem Raum führen an einen Ort der Zeit und vorbehaltlosen Wohlbefindens. Da öffnen sie es und finden, was sie stärkt, ihnen Kraft gibt, ihre Energie belebt und Inspiration schenkt. So bereichert kehren die TeilnehmerInnen zurück in die Medienakademie und malen ihre Schätze. Wachsmalzeit. Sie öffnen das Ei, sind überrascht, da ist, was nicht erwartet wurde – und legen oder stellen den Inhalt an einen Platz ihres Bildes. Die Gesamtheit des Bildes birgt nun den Schlüssel zur Lösung ihres Knotens. In Triaden tauschen die TeilnehmerInnen Themen, Titel und Tricks aus. „Das Licht in dieser Welt kommt von denen, die einen Knall haben". (US-Therapeut, in: Peters 1998b, S. 356)

7. Schritt – Das Meeting oder „Wie sag' ich's den anderen?" Neuen Ideen geht es wie Heiligen. „Eines der ersten Anzeichen für einen Heiligen ist der Umstand, dass andere nicht wissen, was sie von ihm halten sollen." (Thomas Merton 1961) Mehr noch: „Von neuen Ideen fühlen sich die Leute angepisst." (Tom Peters 1998a). Auf diesen Umstand haben sich die SeminarteilnehmerInnen in den Triaden vorbereitet. Lara I bietet ihren Knoten und die von ihr dazu entwickelte Lösung an, in Szene gesetzt zu werden. Hinter dem Knoten verbirgt sich die Aufgabenstellung, in ihrer Firma eine neue Software zu installieren. Nachdem sie die entscheidenden beteiligten Personen und Faktoren an der Aufgabenstellung genannt hat, werden zunächst Rollen definiert wie etwa ‚die Atmosphäre', ‚der Chef', ‚die Chefin', ‚die Techniker', ‚die neue Software', ‚die Aufgabe' und ‚der entscheidende Faktor'. Die Rollen werden näher beschrieben und dann „SchauspielerInnen" gefunden, die die Rollen einnehmen. Da sitzen nun alle zusammen und Lara I muss überzeugend argumentieren, wie das Ei ihren Knoten gelöst hat. Sie geht beherzt ans Werk und verbindet, was unverbunden vor ihr liegt. Zahlreiche Puzzlestückchen über das Bild verteilt ergeben perfekt Sinn, erklärt sie. Denn so entstehe Raum, kreative Spannung, die im Sinne der Aufgabe gelöst werden könne ... Nach ihrer Rede äußern sich ‚die Atmosphäre', ‚die Aufgabe', ‚die Chefin' ... und geben Feedback. Und Lara I nimmt alles unkommentiert auf. Denn erst danach darf sie die für sie dann entscheidende Frage stellen und drei Rollenträger bestimmen, die diese beantworten sollen. Sie wählt ‚die Aufgabe', ‚die neue Software' und ‚den entscheidenden Faktor' und alle geben neue Anregungen. Den richtungsweisenden Kick verschafft ihr ‚die neue Software' mit dem Rat, sich mit ihren Erfindern kurzzuschließen, um auf dem Wege besser verstanden und im Sinne der Aufgabe gewinnbringender eingesetzt werden zu können. Damit ist Lara einen „entscheidenden Schritt" weitergekommen.

8. Schritt – Das DreamGuidance-ABC. Ein Overhead-Vortrag über eine Kultur, die noch nicht oder nicht mehr viel von/vom Träumen versteht, muß mit dem ABC anfangen. Das Grundkonzept von DreamGuidance wird alphabetisch aufgerollt. Schritt für Schritt, Buchstabe für Buchstabe entwickelt sich die Physik der Träume, die der Logik „seltsamer Attraktoren" folgt. Wie die Chaosforschung kennt auch DreamGuidance Gesetzmäßigkeiten, die mit bloßem Auge zwar nicht sichtbar, aber dennoch wirksam sind. Die Quantentheorie spricht von unsichtbaren Feldern. Materie kann sich bekanntlich als Teilchen oder als Welle manifestieren. Was wir finden, hängt von dem ab, wonach wir suchen. DREAM KNOWLEDGE, denn Träume sind Seismographen für unsichtbare Informationen.

9. Schritt – Auswertung. Alle sind gleichermaßen verblüfft, begeistert und enttäuscht, denn das Seminar ist anders verlaufen als erwartet. Carl ist als verantwortlicher Seminarleiter überrascht darüber, wie DreamGuidance „realen" Fragestellungen auf „irreale" Weise so gewinnbringend begegnen kann. Die TeilnehmerInnen fühlen sich durch diese Erfahrung ermutigt, bei künftigen Aufgabenstellungen über kognitiv ausgerichtete Lösungsentwicklung hinaus stärker imaginäre Tag/Traumwirklichkeiten zu befragen. Mit DreamGuidance haben sie für sich einen Schlüssel zu erfolgreicher Kreativitätsentwicklung entdeckt, der sich für alle Herausforderungen eignet.

4.3 PERSPEKTIVEN oder Nachrichten einer Fledermaus an die Regierung über kommende Neuanfänge in komplexer Bildung und Produktion

„Zu Innovationen kommt es erst, wenn unterschiedliche Ideen, Wahrnehmungen und Informationen aufeinanderprallen, die zudem noch unterschiedlich verarbeitet und beurteilt werden."

(Leonard 1998, S. 27)

Das Ende einer Kultur rationaler Verblödung bedingt Anfänge in komplexer Bildung. Diese Bildung hat die Disziplinen des Denkens, Empfindens/Fühlens und Beträumens gleichermaßen in ihren Kanon aufgenommen. Denn nur so kann sich eine Generation mentaler* TiefseeforscherInnen entwickeln, die es wagt, in den Gewässern des fernen Innern nach vergessenen Schätzen und verlorenen Schlüsseln zu suchen.

DreamGuidance ist ein Weg zur Integration der gefürchteten Kreativität in die Praxis. DreamGuidance provoziert und produziert Neues durch neue Wahrnehmung. Das integrative Coaching mit DreamGuidance begleitet die intellektuelle** Avantgarde auf ihrer gewinnverheißenden, aber unwägbaren Reise durch DreamValley. Abenteuerliche Unternehmungen, die erosionsgeglättete Felsmassive und jähe Schluchten daran erinnern, aus einem Stein geschaffen zu sein. Virtuelle und imaginierte Realitäten feiern hier Schwesternschaft.

* ***Mentalität*** *abgeleitet von lat. mens (mentis) „**Sinn**; Denktätigkeit, Verstand; Denkart; Gedanke, Vorstellung" (Duden 1997/Fett durch Verf.)*

** ***Intellekt*** *abgeleitet von lat. intellectus „das Innewerden, die Wahrnehmung; geistige Einsicht, Erkenntnis; Erkenntnisvermögen; Verstand" (ebenda/Fett durch Verf.)*

Der Beginn des dritten Jahrtausends ist ein guter Zeitpunkt für mehr Akzeptanz komplexer Entwicklungs- und Orientierungsansätze, für mehr DreamGuidance in Wirtschaft und Wissenschaft.

Potenziale sind, wo wir sie nicht erwarten und ermöglichen, was wir uns nur erträumen können. Das Prinzip Einstein: Im Schneckentempo eines Augenblicks einmal zu den Plejaden und zurück.

Wir sind am Anfang / rund.

5. Grafiken

Abb. 1 DreamGuidance und die Kunst, von allem zu wissen

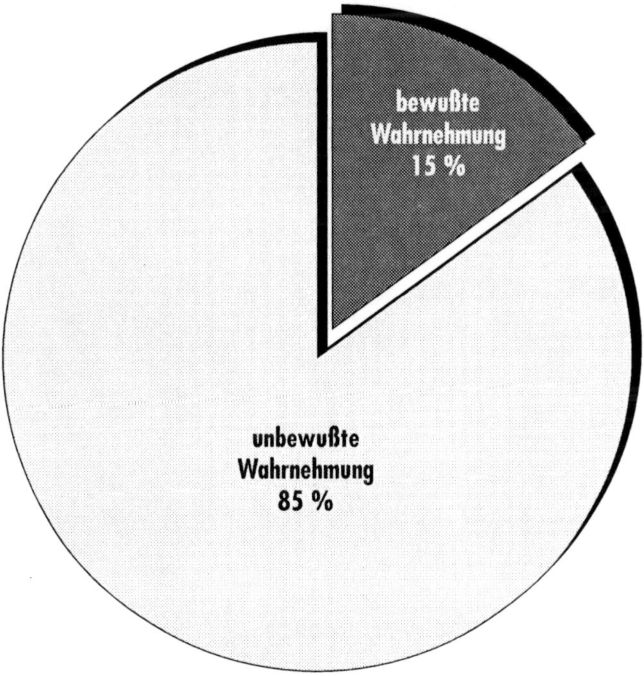

Das Ende rationaler Verblödung als Voraussetzung qualitativer Entwicklungssprünge

Abb. 2 Unter uns wirken...

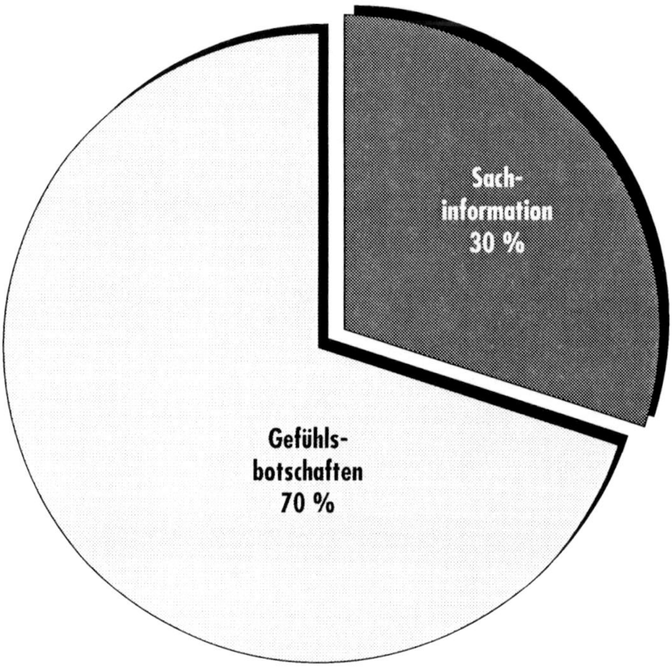

**Abb. 3 Die Demokratisierung des Traumkapitals
Das Ende des Traum-Tabus**

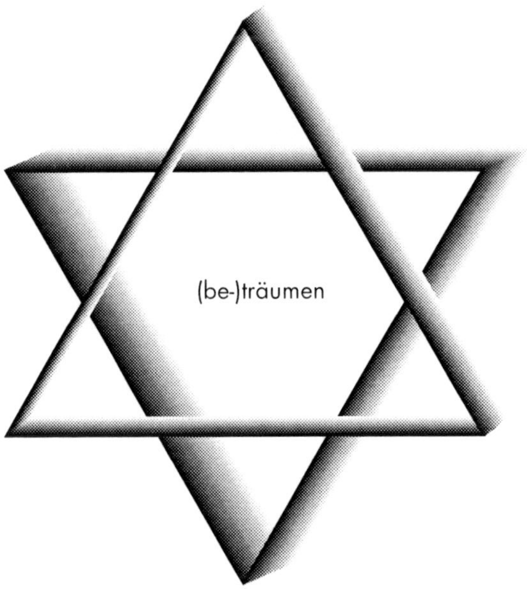

**Die Rehabilitation des 7. Sinns
Radikale Veränderungen brauchen radikale Besinnung**

Abb. 4 Die Demokratisierung des Traumkapitals
Das Ende des Traum-Tabus

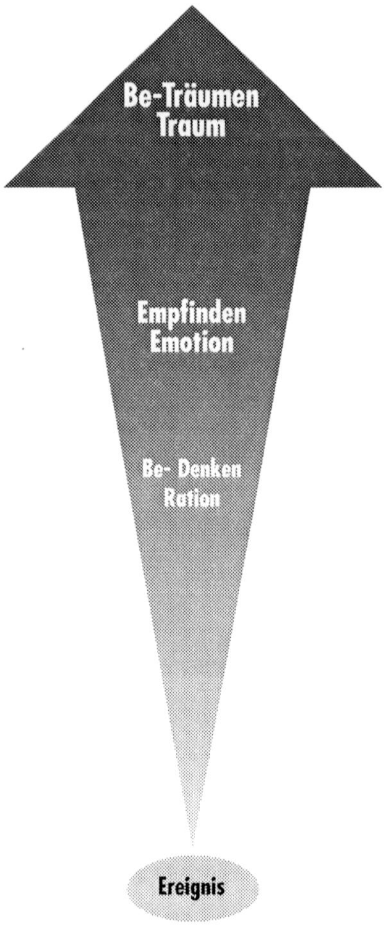

Dream-Guidance und die Art(en) Wirklichkeit zu verarbeiten

Abb. 5 Die drei Phasen der Kreativität

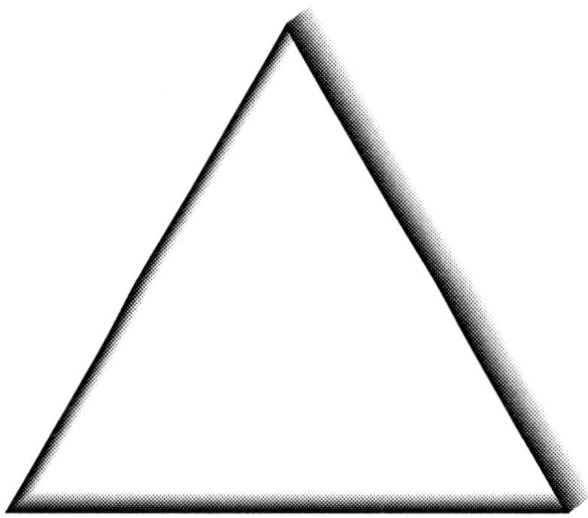

DreamGuidance und die Wissenschaft der Hingabe
Die intelligente Synthese gedachter Gegensätze
Kreativität als Imperativ

Abb. 6 Die Dimensionen des Wissens

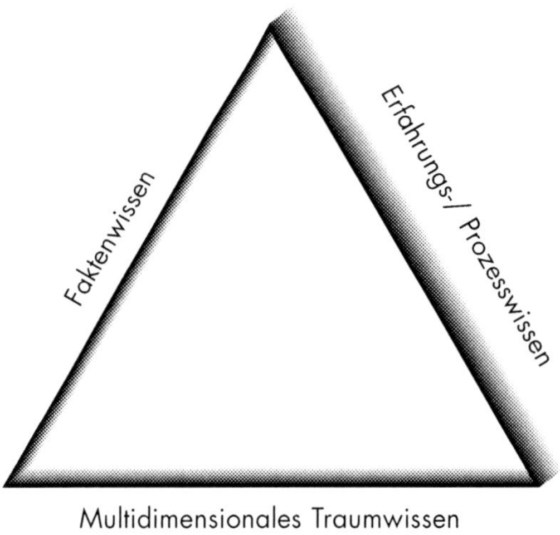

Abb. 7 Die Dimensionen des Traums

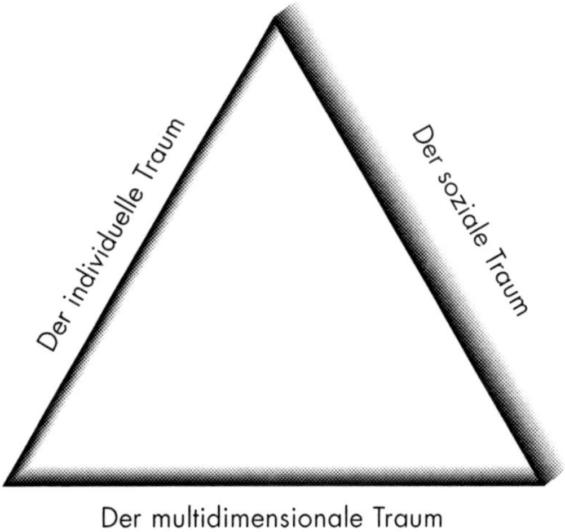

Abb. 8 Die Dimensionen des Traums – Traumwissen und Traumintelligenz als Wirtschaftsfaktoren

Klinisch-therapeutische Ausrichtung
Freud, Jung und Nachfahren

Arbeits/kontextbezogener Beratungsansatz
Lawrence und Delaney

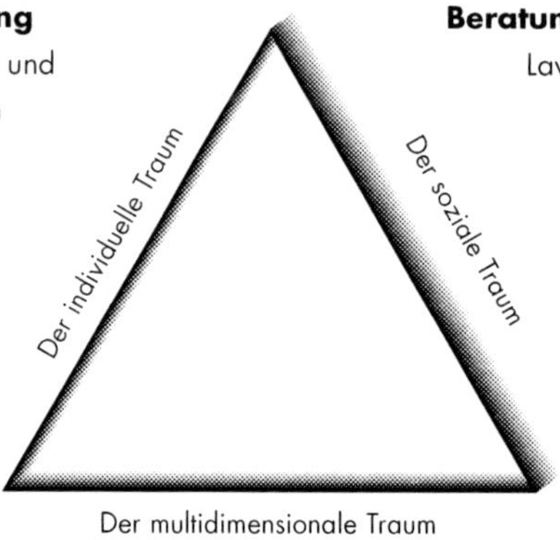

DreamGuidance
Die Integration von Raum + Zeit / Materie und Geist
Die intellligente Synthese gedachter Gegensätze

Systematisches „Beträumen“ als ergänzende Beratungs-, Forschungs- und Entwicklungsrichtung in Wirtschaft und Wissenschaft (Organisations-, Persönlichkeits- und Produktentwicklung)

Anthropologie
Senoi, Tartaren, Indianer, Aborigines

Dichtung/Kunst
Goethe, Shakespeare, Dürer, van Gogh

Geschichte
Ägypten, Mesopotamien, Griechenland

Medizin
Asklepsos, Artemidor von Daldis, Hippokrates, Hildegard von Bingen

Philosophie
Sokrates, Descartes, Schopenhauer, Kant, Nietzsche

Politik
Alexander der Große, Karl IV, Abraham Lincoln, Lyndon B. Johnson

Naturwissenschaft
Einstein, Brugsch-Pascha, Lichtenberg, Kekulé

Religionsgeschichte
Moses, Nebukadnezar, Paultus, Luther, Die Rabbis des Talmud

Wirtschaft
John Ford, Isaac Singer, Ray Kroc

Abb. 9 Die Dimensionen des Traums – Die Strukturierung des Chaos durch „seltsame Attraktoren"

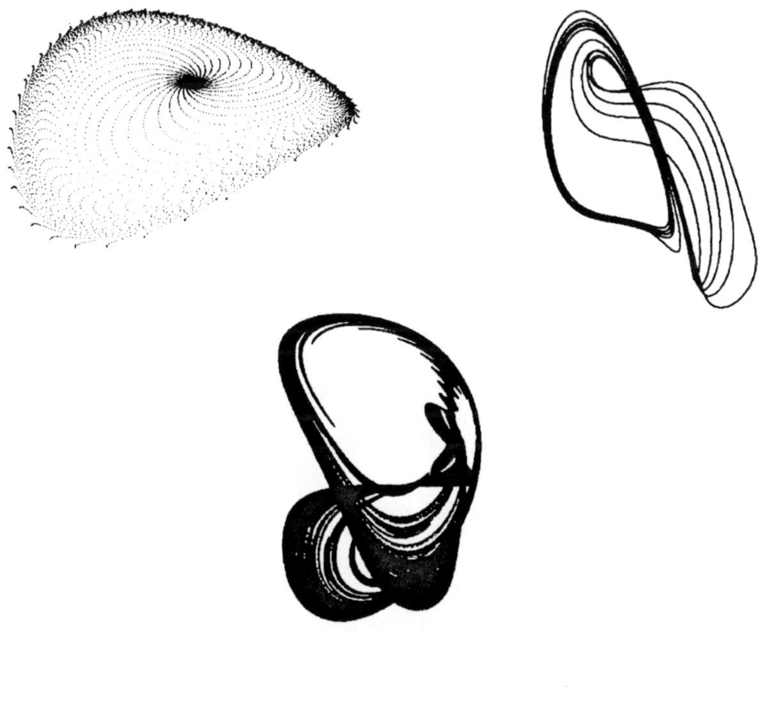

Das Chaos ist geordnet, aber unvorhersehbar

Abb. 10 DreamGuidance und die intelligente Synthese gedachter Gegensätze

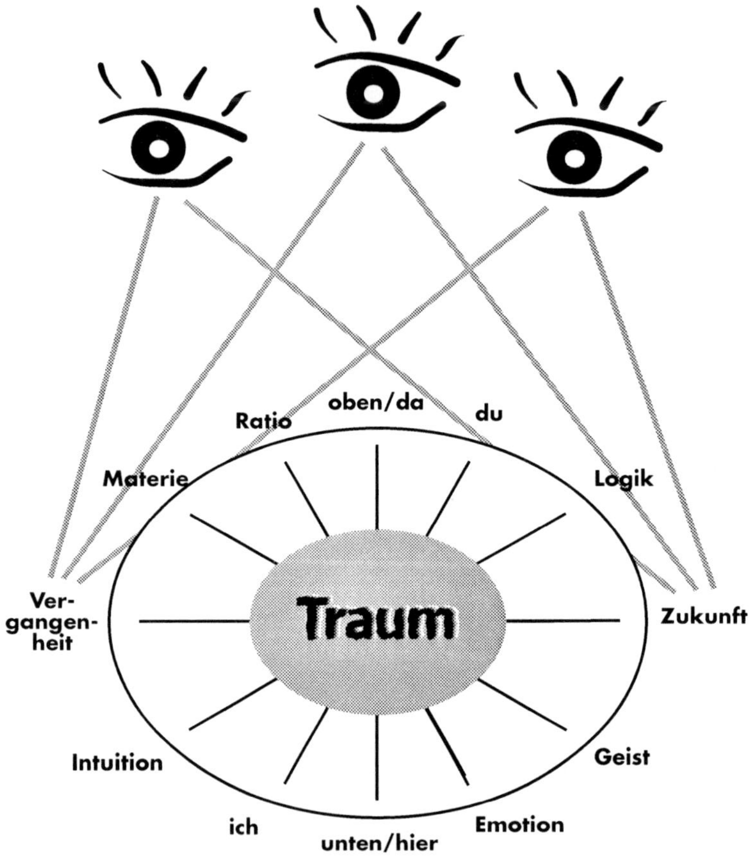

Wissen in Selbstvergessenheit

Manche Fragen finden eine Antwort, aber keine Erklärung

Abb. 11 Beratung braucht Basiswissen

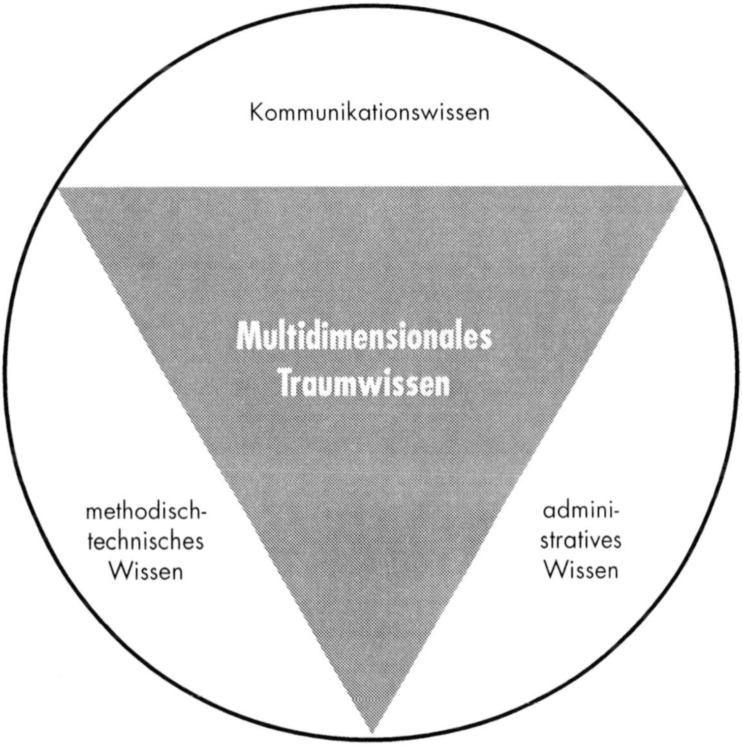

Aktive Wissensintegration mit DreamGuidance schafft neue Grundlagen für eine Organisationsberatung des Gelingens

Abb. 12 DreamGuidance und der Baum der Erkenntis

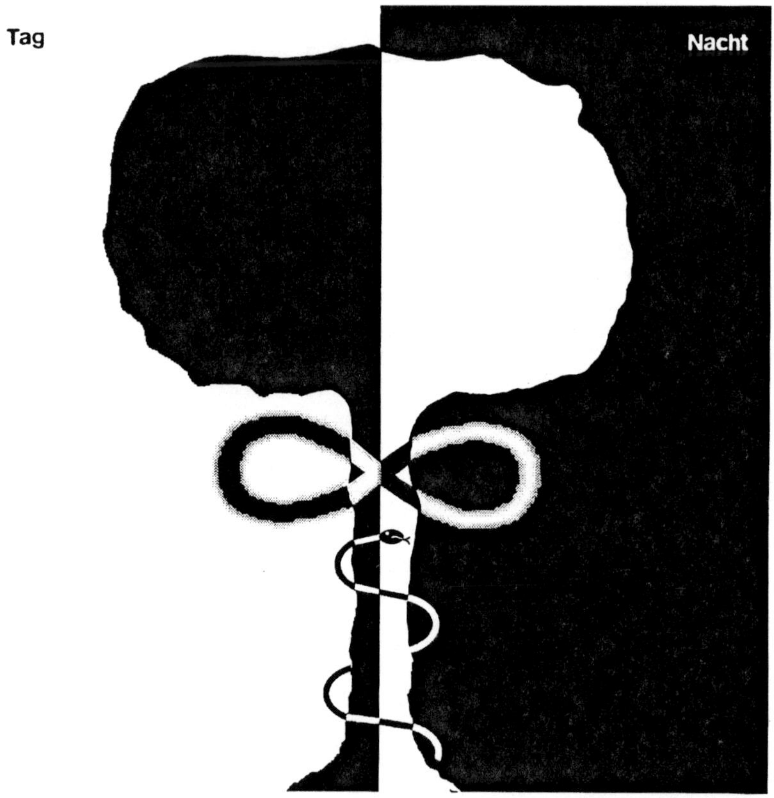

DreamGuidance löst die Illusion von Tag- und Nachtwirklichkeit auf. Das Echo der Narren kündet von der Balance des Glücks

6. Zusammenfassung DreamGuidance

DreamGuidance ist ein systematischer Spielplatz zur Entdeckung, Erforschung und Aktivierung ungenutzer Entwicklungs- und Wissens-Potenziale. Mit DreamGuidance plädiere ich für das Ende des Traumtabus und die Demokratisierung des Traumkapitals. Die Heimat der Träume ist überall, nicht nur im Ghetto von Medizin, Psychiatrie/Psychotherapie und Religion. Träume stehen für etwa 9/10 unseres Gesamtbewusstseins, noch aber wird dem verbleibenden 1/10 in weiten Teilen des öffentlichen Lebens absolute Referenz erwiesen. Traumamputierte Wahrnehmung aber ist verkümmerte Wahrnehmung. Was ungesehen bleibt, kann auch nicht berücksichtigt werden. Beratung, die so vorgeht, schafft Schaden, wo sie helfen will.

Mit DreamGuidance verabschiede ich mich von diesem Prinzip rationaler Verblödung und fordere einen Paradigmenwechsel in Beratung und Coaching. Komplexe Verhältnisse brauchen komplexe Spiegel und Methoden.

Das multidimensionale Traumkonzept meines Ansatzes berücksichtigt eigene und historisch überlieferte Erfahrungen sowie aktuelle naturwissenschaftliche Erkenntnisse, die im vorliegenden Text ausführlich beschrieben werden. Dieses Konzept unterscheidet sich gravierend vom individuell gefassten Traumverständis der psychoanalytischen Tradition, das die Bedingungen des Geträumten vor allem in der persönlichen Biografie sucht (Freud 1977). Es überschreitet auch das Konzept des „sozialen Träumens", das auf das soziale und politische Wissen der Gruppe zurückgreift (Lawrence 1998). Das multidimensionale Traumkonzept orientiert sich an den Einsichten der Quantenphysik und integriert über das individuelle und sozial-politische Wissen hinaus auch raum- und zeitübergreifendes Wissen.

Diesem integrativen Traumkonzept entspricht ein Coachingverständnis, das auf den Prämissen einer integrativen Beratungstradition basiert (Schreyögg 1995, Petzold 1998). Das integrative Coaching mit DreamGuidance ist ganzheitlich ausgerichtet und geht erlebnis- und handlungsorientiert vor. Im Beratungsprozess wird je nach Indikation auf Methoden und Techniken unterschiedlicher Verfahren wie etwa Psychoanalyse, Gestalttherapie und Psychodrama zurückgegriffen.

Mit der Spinnen-Syntax stelle ich ein Modell für die Praxis zur Verfügung, das weit über den herkömmlichen therapeutischen Rahmen hinausreicht. Im Verlaufe eines oder mehrerer Zyklen der Syntax können Fragestellungen aus allen Lebensbereichen aufgegriffen und bearbeitet werden, etwa aus Wirtschaft und Wissenschaft. Die Spinnen-Syntax ist ein Leitfaden auf dem Weg zu einer Wissenschaft der Hingabe, die an die Effizienz hochentwickelter Traumkulturen anknüpft: Sich zunächst umfassend auf eine Problem-/Fragestellung einlassen, damit auseinandersetzen und dazu infomieren, um sich damit gegebenenfalls später gut vorbereitet an das Traumwissen zu wenden. Mit der Spinnen-Syntax verschafft DreamGuidance systematisch Zugang zu einer mächtigen Wissensressource.

Meine Coachingpraxis mit DreamGuidance demonstriere ich an zwei Fallbeispielen, einem Einzelcoaching mit einem Unternehmensberater und einem Gruppentraining/coaching mit Multimedia-Producern.

7. Bibliografie

Apel, K.O. et.al. Hrsg. Praktische Philosophie/Ethik, Studientexte 1-3, Funkkolleg, Weinheim und Basel 1984

Aristeides Hieroi logoi I 62-67 (Übersetzung: H.O.Schröder)

Artemidor von Daldis Das Traumbuch, Artemis Verlag, Zürich 1979

Assig, Dorothea & Beck, Andrea Frauen revolutionieren die Arbeitswelt, Das Handbuch zur Chancengleichheit, Verlag Vahlen, München 1996

Atwood, Margaret Der lange Traum, btb im Goldmann Verlag, Gütersloh 1998

Baumann, Hans Im Lande Ur, Bertelsmann Jugendbuchverlag, Gütersloh 1971

Beck, Eleonore Kommentierung „Die Heilige Schrift", Verlag Katholisches Bibelwerk GmbH, Stuttgart 1980

Benjamin, Walter Das Kunstwerk im Zeitalter seiner Reproduzierbarkeit, edition suhrkamp, Frankfurt 1994

Berger, Peter L. & Luckmann, Thomas Die gesellschaftliche Konstruktion der Wirklichkeit, eine Theorie der Wissenssoziologie, Fischer Taschenbuch Verlag, Frankfurt 1996

Beuys, Joseph „Jeder Mensch ist ein Künstler" und „Kunst ist ja Therapie" in: Harlan, V., Was ist Kunst? Werkstattgespräch mit Joseph Beuys, Urachhaus, Stuttgart 1986

Beuys, Joseph	Jeder Mensch ist ein Künstler, Gespräche auf der Dokumenta 1972, Aufgezeichnet von C. Bodemann-Ritter, Ullstein, Frankfurt 1988
Beradt, Charlotte	Das Dritte Reich des Traums, Nymphenburger Verlagshandlung, München 1966
Bertelsen, Jes	Traumarbeit und Meditation, Bewusstseinsentwicklung durch Übungen mit Chakrasymbolen, Goldmann Verlag, München 1988
Bingen, Hildegard von,	Heilwissen, Herder, Freiburg 1991
Bion, Winfried	Experiences in Groups, Tavistock Publications, London 1961
Binswanger, L.	Traum und Existenz, Gachnang & Springer, Bern 1992
Berne, Eric,	in: Faraday, Ann, Die positive Kraft der Träume, Knaur, München 1986
Bolz, Norbert	Die Sinngesellschaft, Econ Verlag, Düsseldorf 1997
Boss, Medard	Der Traum und seine Auslegung, Kindler 1974
Boss, Medard	Es träumte mir vergangene Nacht…, Huber, Bern 1975
Bossard, R.	in: Petzold,H.G., Theorie und Praxis der Traumarbeit in der Integrativen Therapie. Integrative Therapie 3/4 (1977), S 147-175
Bro, Harmon H.	Edgar Cayce – Seher, Heiler, Mystiker an der Schwelle des Neuen Zeitalters, Heyne, München 1989
Broughton, Richard	Parapsychology, The controversal science, Rider Books, London 1992

Buber, Martin	Die Erzählungen der Chassidim, Manesse Verlag, Zürich 1949
Bullinger/Kugel/ Ohlhauser/Stanke	Integrierte Produktentwicklung, Zehn erfolgreiche Praxisbeispiele, Gabler, Wiesbaden 1995
Bütz, Michael R.	Chaos and Complexity, Implications for Psychological Theory and Practice, Taylor & Francis 1997
Cartwright, T.J.	Zitat in: Wheatley, M.J. s.u.
Castaneda, Carlos	Die Kunst des Träumens, Fischer, Frankfurt 1998
Chatwin, Bruce	Traumpfade, Fischer Taschenbuch Verlag, Frankfurt 1999
Chopra, Deepak	in: „Quantensprung der Führungskunst", M.J. Wheatley (s.u.)
Clarce, Deborah	Betrifft: Beruf, Überlebensstrategien für Frauen, Wolfgang Krüger Verlag, Frankfurt 1994
Cocteau, Jean	„Der Dichter gehorcht dem Befehl der Nacht" , in: Binswanger, S.78
Cicero	De divinatione I, K.XXX in: Träume – selbst verstehen, Geschichte und Wissenschaft, Psychologie und Praxis von Träumen, TRIAS / Georg Thieme Verlag, Stuttgart 1989
Coelho, Paulo	Der Alchimist, Diogenes, Zürich 1996
Cuisinier, Jeanne	Danses magiques de Kelantan, in: Schamanismus und archaische Ekstasetechnik, Suhrkamp, Frankfurt 1997

Czikszentmihalyi, Mihaly & Isabella S., Hrsg. Die außergewöhnliche Erfahrung im Alltag, Die Psychologie des Flow-Erlebnisses, Klett-Cotta, Stuttgart 1994

da Vinci, Leonardo Das Buch der Malerei, 3 Bde., Hg. Ludwig, Wien 1966

Delaney, Gayle Living Your Dreams, Harper Collins, San Francisco 1996

Descartes, René Meditationen über die Grundlagen der Philosophie, Ins Deutsche übertragen von Felix Meiner, Hamburg 1959

Descartes, René Abhandlungen über die Methoden des richtigen Vernunftgebrauchs. Übersetzung: Kuno Fischer, Reclam, Stuttgart 1991

Dilts, Robert, Dilts, Robert W. Know How für Träumer, Strategien der Kreativität, Junfermann, Paderborn 1994

Doppler, Klaus und Lauterburg, Christoph Change Management, Den Unternehmenswandel gestalten, Campus Verlag, Frankfurt 1995

Dostojewski, F.I. Traum eines lächerlichen Menschen, Fischer, Frankfurt 1995

Duden Herkunftswörterbuch, Etymologie der dt. Sprache, Brockhaus AG, Mannheim 1997

Eliade, Mircea Geschichte der religiösen Ideen, Herder Verlag, Freiburg 1994

Eliade, Mircea Schamanismus und archaische Ekstasetechnik, Suhrkamp, Frankfurt 1997

Einstein, Albert in: Quantensprung als Führungskunst, M.J. Wheatley, s.u.

Einstein, Albert	im Vorwort zur Originalausgabe 1942 von: Frank, Philipp, Albert Einstein, Sein Leben und seine Zeit, Vieweg, Braunschweig 1979
Einstein, Albert	in: Lawrence,G.W. (Hrsg), SOCIAL DREAMING @ WORK, Karnac Books, London 1998
Eisenhauer, Gregor	Scharlatane, Eichborn Verlag, 1994
Ellis, Jean A	This is the DREAMING, Dreaming stories from Aboriginal Australia, Harper Collins Publishers, Sydney 1998
Ellis, Jean A	From the DREAMING, Dreaming stories from Aboriginal Australia, Harper Collins Publishers, Sydney 1998
Eusebius	Eusebius I,28-29
Faraday, Ann	Die positive Kraft der Träume, Knaur, München, 1986
Faraday, Ann	Deine Träume – Schlüssel zur Selbsterkenntnis, Fischer, Frankfurt am Main 1990
Fengler, Jörg	Coaching: Definition, Prinzipien, Qualifikationen, illustriert anhand einer Fall-Vignette, in: Gruppendynamik und Organisationsberatung, Heft 1, März 2001
Feuerstein, Georg	Heilige Narren, Krüger Verlag, Frankfurt am Main 1996
Flammer, August	Erfahrung der eigenen Wirksamkeit, Verlag Hans Huber, Bern 1990
Foerster, H.	Das Konstruieren einer Wirklichkeit, in: Schreyögg, A., 1995 s.o.
Frank, Philipp	Albert Einstein, Sein Leben und seine Zeit, Vieweg, Braunschweig 1979

Freud, Sigmund	Die Traumdeutung, Fischer, Frankfurt am Main 1977
Freud, Sigmund	Zitat in: Arthur Koestler, The act of creation, Penguin Books, London 1989
Fromm, Erich	Märchen, Mythen, Träume, Rowohlt, Reinbek 1983
Fromm, Erich	Die Furcht vor der Freiheit, Ullstein Verlag, Frankfurt am Main 1984 (Ersterscheinung 1941)
Foucault, Michel,	Einleitung zu „Traum und Existenz" von Ludwig Binswanger, Gachnang & Springer, Bern 1992
Galen	XI 314 K, Bd. 3, Gesamtwerk, Leipzig 1889
Garfield, P.	Frauen träumen anders, Scherz, Bern, München, Wien 1991
Gassmann, Christoph	Träume erinnern, Walter Verlag, Düsseldorf 2000
Gloger, Axel	in: Seminare ´99, Das Jahrbuch der Management-Weiterbildung, Gerhard May Verlags GmbH, Bonn 1998
Goethe, J.W.	Italienische Reise, Insel Verlag, 1980
Goethe, J.W.	Zitat aus „Maximen und Reflexionen" in: Jezower 1985
Goleman, Daniel	Emotionale Intelligenz, Carl Hanser Verlag, 1996
Goodman, Felicitas D.	Trance, Der uralte Weg zum religiösen Erleben, Gütersloher Verlagshaus, Gütersloh 1992
Griscom, Chris	Zeit ist eine Illusion, Goldmann, München 1987

Gross, Daniel	Die größten Erfolgsstories aller Zeiten, verlag moderne industrie, Landsberg 1996
Grossklaus, Götz	Medien-Zeit, Medien-Raum, Zum Wandel der raumzeitlichen Wahrnehmung in der Moderne, Suhrkamp, Frankfurt am Main 1995
Hall, Calvin	The Meaning of Dreams, McGraw-Hill, New York 1966
Helg, Felix	Psychotherapie und Spiritualität, Östliche und westliche Wege zum Selbst, Walter Verlag, Düsseldorf 2000
Hermes, L.	Traum und Traumdeutung in der Antike, Artemis & Winkler, Zürich und Düsseldorf 1996
Hofstadter, Douglas R. und Dennet, D.C.	Einsicht ins Ich, Fantasien und Reflexionen über Selbst und Seele, Klett-Cotta, Stuttgart 1991
Homer	Die Odyssee nach Voss, S.562-567
Homer	Ilias I, 62f
Huber, Michaela	Multiple Persönlichkeiten, Fischer Verlag, Frankfurt am Main 1995
ILOI – Internationales Institut für Lernende Organisation u. Innovation	Knowledge Management, Ein empirisch gestützter Leitfaden zum Management des Produktionsfaktors Wissen, Studienbericht, München 1997
Ilyine, Vladimir N.	in: Zundel, Rolf und Edith, Leitfiguren der neueren Psychotherapie, Deutscher Taschenbuch Verlag, München 1991
Jezower, Ignaz	Das Buch der Träume, Ullstein, Frankfurt am Main 1985

Johansson, Bjorn	Kreativität und Marketing, Die Anwendung von Kreativitätstechniken im Marketingbereich, Europäischer Verlag der Wissenschaften, Bern 1997
Jouvet, Michel	Die Nachtseite des Bewusstseins, Rowohlt, Hamburg 1994
Jung, C.G.	Traum und Träumen, dtv, München 1997
Jung, C.G.	Vom Wesen der Träume, dtv, München 1996
Jung, C.G.	Der Mensch und seine Symbole, Walter Verlag, Solothurn 1995
Jung, C.G.	Psychologie und Alchemie, Ges. W. Bd.12
Katz-Bernstein, Nitza	Phantasie, Symbolisierung und Imagination – „komplexes katathymes Erleben" als Methode in der Integrativen Therapie mit Vorschulkindern, in: Petzold, H.G. und Orth, I.,Die neuen Kreativitätstherapien, Junfermann, Paderborn, 1991
Kemper, W.	Der Traum und seine Bedeutung, Rowohlt, Hamburg 1955
Koestler, Arthur	The act of creation, Penguin Books, London 1989
Koestler, Arthur	Die Wurzeln des Zufalls, Suhrkamp, Frankfurt am Main 1983
Koppel, Glenn T.	Träumen und Traumdeutung, Vandenhoeck, Göttingen 1994
Landsberg, Max	Das Tao des Coaching, Campus, Frankfurt am Main 1998
Langer, Georg	Die Erotik der Kabbala, Diederichs, München 1989

Langer, Georg	Neun Tore, Das Geheimnis der Chassidim, München 1959
Lawrence, G.W.	Ventures in social dreaming: The first experience, in: Changes, Volume 7 No 3, July 1989
Lawrence, G.W.	Social Dreaming as a tool of action research, unveröffentlichter Erfahrungsbericht, 1995
Lawrence,G.W. (Hrsg)	SOCIAL DREAMING @ WORK, Karnac Books, London 1998
Lawrence, G.W.	TONGUED WITH FIRE, Groups in Experience, Karnac Books, London 2000
LeDoux, Joseph	Das Netz der Gefühle, Wie Emotionen entstehen, Hanser Verlag, München 1998
Leonhard, Dorothy	Im Widerstreit der Ideen zur Innovation, in: Harvard Business Manager, 20.Jahrgang 1998, 2/98
Leuner, Hanscarl	Katathymes Bilderleben – Ergebnisse in Theorie und Praxis, Hans Huber-Verlag, Bern 1980
Loos, Wolfgang	Coaching für Manager, Problembewältigung unter vier Augen, verlag moderne industrie, Landsberg/Lech 1992
Lorenzer, A.	Sprachzerstörung und Rekonstruktion, Frankfurt am Main 1970
Lukrez	„De rerum natura", Verse 962-986, in: Thomas, Klaus, Träume – selbst verstehen, Geschichte und Wissenschaft, Psychologie und Praxis von Träumen, TRIAS / Georg Thieme Verlag, Stuttgart 1989

McLuhan, Marshall „The artist...", in: Future Dialogue: An Eye To The Future, Newsletter Young & Rubicam Brand Future Groups, 5.1.1999

MacKenzie, Norman Träume, Vollmer, Wiesbaden 1978

Mannoni, Octave Sigmund Freud, Monographie, Rowohlt, Reinbek 1977

Maslow, A. Psychologie des Seins, München 1973

Mentzel, Wolfgang Unternehmenssicherung durch Personalentwicklung, Haufe Verlag, Freiburg 1997

Merleau-Ponty, M. Die Struktur des Verhaltens, Berlin 1976

Merton, Thomas New Seeds of Contemplation, New Directions, New York 1961

Meumann, E. Über Lesen und Schreiben im Traum, Archiv für die gesamte Psychologie, Bd. XV, Leipzig 1909

Mindell, Arnold Traumkörper-Arbeit oder: Der Lauf des Flusses, Junfermann, Paderborn 1993

Mohl, Alexa Der Meisterschüler, Junfermann Verlag, Paderborn 1996

Montaigne, Michel Essays, Reclam Verlag Leipzig 1990

Montanus in: Passio Perpetuae, M.-L. von Franz, S.107 (s.u.)

Moreno, J.L. Psychodrama, Bd.1, Beacon House, 3. Auflage 1964

Morgan, Gareth Bilder der Organisation, Klett-Cotta, Stuttgart 1997

Morgan, Helen & Tatham, Peter — The social dreaming matrix, in: Lawrence 1998

Morrien, Lea — bantu, Roman, Ätna Verlag, Berlin 1988a

Morrien, Lea — Hörfunk-Feature zu „la lettre aerienne" von Nicole Brossard, Redaktion DISSONANZEN / Radio 100, Berlin 11.08.1988b

Morrien, Lea — Text in: Weibliche Ästhetik? Kunststück!, Hrsg. Renate Morell, Centaurus Pfaffenweiler 1993

Morrien, Birgitt E. — Machen Sie Fehler, Essay, in: Manager Seminare, II.Quartal 1999

Morrien, Birgitt E. — Das DreamGuidance-ABC, Seminar-Handout, COP-Print 1999

Morrien, Birgitt E. — Das DG-Methodenkonzept 2001, electronic print, fortlaufende Weiterentwicklung und Aktualisierung www.dreamguidance.de, Köln 2000

Nietzsche, F.W. — Jenseits von Gut und Böse, Werke, Bd. 7, Leipzig, 1899a

Nietzsche, F.W. — Morgenröte, Werke, Bd.4, Leipzig 1899b

Nietzsche, F.W. — „Über Träume muß man umlernen", Zitat in: Jezower 1985, S. 346

Nietzsche, F.W. — Also sprach Zarathustra, Teil IV, Das trunkne Lied zit. nach Jezower, 1985

Nin, Anaïs — Sanftmut des Zorns, Sich vom Traum führen lassen, Scherz, Bern 1979

Oppenheim, Meret, — Aufzeichnungen / Träume 1928-1985, Gachnang & Springer, Bern 1986

Palmer, Jerry — Taking Humor Seriously, Routledge, London 1994

Peters, Tom — Innovation aus Leidenschaft, Unterlagen zur Tagesveranstaltung mit Tom Peters in Zürich am 11.12.1998, ZfU AG, Thalwil 1998a

Peters, Tom — Der Innovationskreis, Econ, Düsseldorf 1998b

Petzold,H.G. — Angewandtes Psychodrama in Therapie, Pädagogik, Theater und Wirtschaft, Junfermann, Paderborn 1972

Petzold,H.G. — Theorie und Praxis der Traumarbeit in der Integrativen Therapie. Integrative Therapie 3/4 (1977), S. 147-175

Petzold,H.G. — Das Korrespondenzmodell in der Integrativen Agogik, Integrative Therapie 1 (1978c), S. 21-58)

Petzold, H.G. — Die „Brille von vorgestern" – „Vergangenheitsprojektion und Zeitreisen in der Erinnerungs- und Antizipationsarbeit der Integrativen Therapie, Düsseldorf 1987

Petzold,H.G. — Integrative Bewegungs- und Leibtherapie. Ausgewählte Werke Bd.I und Bd.II, Junfermann, Paderborn 1988

Petzold, H.G. / Orth, I. — Die neuen Kreativitätstherapien, Junfermann, Paderborn 1991

Petzold, H.G. — in: Zundel, Edith und Rolf, Leitfiguren der neueren Psychotherapie, dtv, München 1991 b

Petzold, H.G. — Das Korrespondenzmodell als Grundlageder Integrativen Therapie und Agogik, Integrative Therapie Bd.II/1, 1991e, in: Petzold (1991a), S.19-90

Petzold, H.G. Integrative Therapie Band II/1-II/3, Junfermann, Paderborn 1993

Petzold,H.G., Integrative Supervision, Meta-Consulting & Organisationsentwicklung, Modelle und Methoden reflexiver Praxis, Ein Handbuch, Junfermann Verlag, Paderborn 1998

Perls, Frederick S. Gestalt-Therapie in Aktion, Ernst Klett Verlag, 1969

Perls, Frederick S. in: Petzold, Hilarion, Theorie und Praxis der Traumarbeit in der Integrativen Therapie. Integrative Therapie 3/4 (1977), S. 147-175

Platon Kriton, Kapitel 1, zit. n. Jezower, Ullstein, Berlin 1985

Platon Phaidon, nach der Übersetzung von Friedrich Schleiermacher, ergänzt durch Übersetzungen von Franz Susemihl u.a., hg. v. Karlheinz Hülser, Insel Verlag, Frankfurt am Main 1991

Planck, Max in: Friebe, Margarethe, Die Ethik wird zur Überlebenschance, in: Raum & Zeit, Nr.83, 1996

Plutarch Perikles, Kap. 13, in: Jezower 1985, S. 433

Plutarch Caesar, 63 ff., in: Hermes, 1995, S.43

Pongraz, M., I. Santner, Das Königreich der Träume, Zsolnay, Wien, 1963

Pühl, Harald (Hrsg.) Handbuch der Supervision, Edition Marhold, Berlin 1994

Rabenschlag, Ulrich Kinder reisen durch die Nacht, Herder Verlag, Freiburg 1998

Reed, A.W. — Aboriginal Myths, Legends & Fables, Reed New Holland, Sydney 1999

Reeves, Hubert — Schmetterlinge und Galaxien, Kosmologische Streifzüge, Hanser, München 1992

Rilke, Rainer Maria — Von Kunst-Dingen, Gustav Kiepenheuer Verlag, Gustav Kiepenheuer Bücherei 21, Leipzig 1990

Roberts, A. & Mountford, C.P. — The Dreamtime, Rigby, Adelaide 1965

Roberts, Jane — Der Weg zu Seth, Goldmann Verlag, München 1990

Rosenstiel, Lutz v. et.al. — Führung von Mitarbeitern, Handbuch für erfolgreiches Personalmanagement, Schäffer Poeschel, Stuttgart 1995

Rytcheu, Juri — Traum im Polarnebel, Unionsverlag, Zürich 1991

Saum-Aldehoff, Thomas — Geheime Lüste schleichen heran, Beitrag zur modernen Schlafforschung, Frankfurter Rundschau, September 2000

Simkin, J. — Die Verwendung von Träumen in der Gestalttherapie in: C.J. Sager, H.S. Kaplan, Handbuch der Ehe-, Familien- und Gruppentherapie, München 1973

Simkin, James s. — Gestalttherapie, Mini-Lektionen für Einzelne und Gruppen, Hammer Verlag, Wuppertal 1994

Schmidt, Rainer — Träume und Tagträume, Eine individualpsychologische Analyse, Fischer Taschenbuch Verlag, Frankfurt 1991

Sontag, Susan — Der Wohltäter, Fischer, Frankfurt 1993

Schult, Friedrich — Barlach im Gespräch, Insel-Verlag, Leipzig 1989

Scheuch, E. und U.	Führungskräfte in Politik, Wirtschaft und Gesellschaft, Ergebnisse einer Enquete der Union der Leitenden Angestellten über die soziale Stellung und die berechtigten Interessen der Führungskräfte der deutschen Wirtschaft, ULA Schriftenreihe, Nr.35, 1997, S.10
Schwertfeger, Bärbel u. Koch, Klaus	Der Therapieführer, Wilhelm Heyne Verlag, München 1996
Schmitz, H.	Leib und Gefühl, Junfermann, Paderborn 1989
Schmitz, H.	System der Philosophie, V.Teil: Die Wahrnehmung, Bonn 1978
Schreyögg, Astrid	Coaching, Eine Einführung für Praxis und Ausbildung, Campus, Frankfurt am Main 1995
Schreyögg, Astrid	Supervision, ein integratives Modell, Lehrbuch zu Theorie und Praxis, Junfermann, Paderborn 1992
Schütz, Gerhard	Über Träume, Trance und Kreativität, Junfermann, Paderborn 1999
Shakespeare, William	The Tempest, The Tempest, Act IV, Sc.1, 156-58
Shakespeare, William	A Midsummer Night's Dream, Act IV, Sc.1,220-22
Sieroszewski, W.	Du chamanisme d'apres les croyances des Yakoutes, in: Eliade, Mircea, Schamanismus und archaische Ekstasetechnik, S.37, Suhrkamp, Frankfurt am Main 1997
Sollmann, Ulrich, Hrsg.	Visionsmanagement, Erfolg als vorausgedachtes Ergebnis, Orell Füssli, Zürich 1993

Spiegel, Der — Nr.1/ 1998, S.96

Stachelhaus, Heiner — Joseph Beuys, Abbeville Press Publishers, New York, 1991

Stewart, Kilton — Dream Exploration among Senoi, in: Rostak, Th. (Hrsg.), Sources, Harper & Row, New York 1972

Stewart, Kilton — in: Faraday, Ann, Die positive Kraft der Träume, Knaur, München 1986

Stöbener, Dorothee — Hilfe für die Seele, in: Die Zeit, Nr.51, 10.12.1998, S. 85

Strasser, Christian, Hrsg. — Econ Zukunftstag 1997, Dokumentation, Econ Verlag, Düsseldorf 1997

Sueton — Buch IV, Kapitel 50, in: Jezower, S. 441

Tabscott, Don — Net Kids, Die digitale Generation erobert Wirtschaft und Gesellschaft, Gabler 1998

Talmud — Der babylonische Talmud, herausgegeben von L. Goldschmidt, Band I, Verlag Martinus Nijoff, Den Haag 1933

Thomas, Klaus — Träume – selbst verstehen, Geschichte und Wissenschaft, Psychologie und Praxis von Träumen, TRIAS / Georg Thieme Verlag, Stuttgart 1989

Thorau, Henry — Play it again, Jonathan, in: DIE ZEIT Nr.49, 01.12.1995

Ullman, Montague & Zimmerman, Nan — Mit Träumen arbeiten, dtv, München 1994

Ullman, Montague — The transformation process in dreams, in: The American Academy of Psychoanalyses, 19 (2), S.8-10, New York 1975

Valerius Maximus — I,7,2 in: Jezower, Ignaz, Das Buch der Träume, Ullstein, Frankfurt 1985, S. 432

Van Gogh, Vincent — „Briefe an seinen Bruder", in: Jezower, S.583

Vedfelt, Ole — Dimensionen der Träume, Ein Grundlagenwerk zu Wesen, Funktion und Interpretation, Walter Verlag, Zürich 1997

von Franz, M.-L. — Passio Perpetuae, Daimon Verlag, Zürich 1981

von Franz, M.-L. — Träume, Daimon Verlag, Zürich 1985

von Franz, M.-L. — Der Individuationsprozess, in: Der Mensch und seine Symbole, Walter Verlag, Solothurn 1995

von Staden, Berndt — in: Sollmann, Ulrich, Hrsg., Visionsmanagement, Erfolg als vorausgedachtes Ergebnis, Orell Füssli, Zürich 1993

Vom Scheidt, J. — Geheimnis der Träume, Mosaik Verlag, München 1992

Walker, Barbara G. — The Woman's Encyclopedia of Myths and Secrets, Harper & Row, San Francisco 1983

Wheatley, Margaret J. — Quantensprung der Führungskunst, Rowohlt Verlag, 1997 als Kurzfassung der ISI Marketing GmbH, Bochum 1998

Winicott, D.W. — Vom Spiel zur Kreativität, Klett-Cotta, Stuttgart 1993

Woods, R. L., Hrsg. — The New World of Dreams, Macmillan, 1974, & Greenhouse, H. B.

Wood, Barbara — Traumzeit, Fischer Taschenbuch Verlag, Frankfurt 1999

Wolf, Axel	Unser traumhafter Alltag, in: Psychologie Heute, Dezember 1997
Zohar, Danah	in: Quantensprung der Führungskunst, M.J. Wheatley, s.o.
Zundel, Rolf und Edith	Leitfiguren der neueren Psychotherapie, Deutscher Taschenbuch Verlag, München 1991

8. Pressestimmen

„DreamGuidance ist ein interessantes, wissenschaftlich untermauertes Konzept. Denken und Handeln sollten sich – auch im Management – nicht allein am Sichtbaren, Beweisbaren orientieren, sondern möglichst alle Wissensressourcen von Ahnungen bis Gefühlen einbeziehen. Inklusive der Ressource Traum, die Morrien systematisch zu erschließen versucht. Anerkannte Autoren von Goleman bis Peters raten ebenfalls, ausgewalzte Denkpfade zu verlassen und „Mehrperspektivität" zuzulassen, um Kreativität Raum zu geben."

HANDELSBLATT

„Dream-Coaching ist die neueste Entdeckung des Management-Trainings. TV-Mitarbeiter, immer unter Zwang quietschneue Themen zu finden, profitierten vom gelenkten Träumen. Eine Politikerin auf der Suche nach einer politischen Vision fand träumend ihren Traumjob – in der Wirtschaft."

DIE ZEIT

„DreamGuidance ist eine Methode von überraschendem Erfolg. Ein Konflikt, der eine Medienmanagerin über Monate im Arbeitsalltag verfolgte, löste sich im Coachingprozess plötzlich in Nichts auf. DreamGuidance versetzt in einen veränderten Bewusstseinszustand und ermöglicht so Impulse und Ideen aus vielen Quellen."

WDR

„Dream-Coaching könnte Ihr Schlüssel zum Erfolg sein. Für gestresste Manager, genervte Mitarbeiter und echte Workaholics gibt es dafür jetzt mit Dream-Coaching eine neue Beratungsidee. Abschalten von der Businesswelt ist angesagt und neue berufliche Visionen im Traum entwickeln."

DEUTSCHE WELLE TV

„DreamGuidance will die Problemlösungs- und Innovationskompetenz von Managern stärken, unter anderem durch in Coachingsitzungen gezielt herbeigeführtes Tagträumen."

WIRTSCHAFT UND WEITERBILDUNG

„DreamGuidance schafft zielsichere Entscheidungshilfen für jede berufliche Situation, schnellere Lösungen für Konflikte und Innovationen, die auf den Punkt entwickelt werden. Denn im Wachzustand aktiviert das Gehirn nur zehn Prozent seiner Kapazität. Im Traum sind es immerhin 40 Prozent. Ihre bahnbrechenden Erkenntnisse haben Naturwissenschaftler wie Descartes, Einstein und Kekule erst durch die Auseinandersetzung mit eigenen Traumsymbolen gewonnen."

IMPULSE